LA RÉFORME DU DIVORCE ARTICLE PAR ARTICLE

Alain Bénabent

Professeur agrégé des Facultés de droit

Avocat aux Conseils

LA RÉFORME DU DIVORCE ARTICLE PAR ARTICLE

DEFRÉNOIS

31, rue Falguière, 75741 Paris Cedex 15
ISBN : 2-85623-070-9

SOMMAIRE

INTRODUCTION

I. Elément d'un ensemble. — Le mouvement profond de refondation du droit de la famille réalisé sous la plume du doyen Carbonnier durant la décennie 1964-1975 s'était achevé par la loi du 11 juillet 1975, apportant une véritable refonte du droit du divorce, attendue depuis longtemps après plusieurs entreprises avortées.

On sait qu'a suivi, une vingtaine d'années plus tard, une série de toilettages touchant toutes les réformes fondamentales antérieures (filiation, autorité parentale, régimes matrimoniaux, etc...). Le divorce, dernière construction de l'ensemble initial, était le dernier à avoir été rétouché, de manière très partielle par la loi du 30 juin 2000 concernant la seule prestation compensatoire.

Mais contrairement à ce qu'on pouvait penser lors de cette phase de consolidation, s'amorçait déjà une nouvelle lame de fond débouchant sur un véritable nouveau bouleversement, traduit en 1999 tout à la fois par l'instauration du PACS et la mise en place d'une commission ayant pour ambitieuse mission un réexamen d'ensemble du droit de la famille.

Après l'autorité parentale, rénovée en 2002, c'est le divorce qui constitue le deuxième pan de cette nouvelle réécriture, par la réforme promulguée le 26 mai 2004, dont on annonce une suite rapide par la très prochaine réforme de la filiation.

II. Genèse de la loi. — La précédente législature avait presque déjà abouti, par un texte voté par l'Assemblée Nationale en octobre 2001 mais non par le Sénat. Ce texte était très novateur : s'il maintenait le caractère nécessairement judiciaire du divorce, remis en cause par certains, il privilégiait le divorce d'accord et le divorce objectif au point de supprimer purement et simplement le divorce pour faute, dont l'existence même est un appel à un débat souvent malsain et impuissant sur la recherche d'une imputabilité, voire d'une déculpabilisation, du divorce encore ressenti non seulement comme un échec personnel mais comme une sorte de *« faute sociale »*.

Le gouvernement issu des élections de 2002 a senti la nécessité d'intervenir, et peut-être pour couper court à des bouleversement plus profonds, a aussitôt préparé un nouveau texte qu'il a en outre soumis à la procédure d'urgence parlementaire, afin peut-être d'en éviter de trop grandes mutilations : de fait, la loi n'a subi que de très légères modifications par rapport au texte du projet.

III. Esprit général. — Contrairement au texte précédemment voté par l'Assemblée nationale en 2001, l'économie de la réforme n'a — c'est le moins qu'on puisse dire — rien de révolutionnaire. Il peut même paraître d'une tonalité générale plutôt conservatrice, en ce sens qu'il s'efforce de se placer dans l'exacte continuité du texte antérieur.

C'est sans doute là une forme de sagesse, car il est vrai qu'en ce domaine, on peut privilégier les infléchissements qui laissent à la pratique le soin de concrétiser progressivement les évolutions.

Il faut d'ailleurs se souvenir que Jean Carbonnier avait lui-même conçu la réforme de 1975 — comme les autres réalisées sous son égide — comme à beaucoup d'égards une étape de transition. Il est probable que la réforme de 2004, souvent marquée de *« prudence »*, présente le même caractère, ce qui explique que le droit nouveau qui en est issu paraît encore bien en retrait sur ceux de nombreux autres pays voisins.

IV. Qualité technique. — En face de cette timidité sur le fond, la réforme se fait remarquer par une incontestable haute qualité technique. Sans doute en grande partie grâce aux travaux de haute tenue de la *« Commission Dekeuwer-Desfossez »* précédemment évoquée, on sent que les mécanismes procéduraux et les préoccupations issues des difficultés rencontrées dans la pratique quotidienne ont été très bien maîtrisés, et traités le plus souvent avec une imagination pertinente. Ce qui donne en définitive à la loi le tour général d'une excellente amélioration technique de la loi de 1975 bien plus que d'une véritable *« réforme »* en profondeur.

V. Numérotation accidentée. — Le souci de conserver le cadre de la loi de 1975 se traduit matériellement par la conservation des numéros d'articles dans la mesure du possible. Cette mesure étant cependant limitée, on assiste à ce paradoxe que certains numéros sont désormais vides, tandis que se multiplient les *« numéros à indice »*, sans pour autant éviter de nombreux déplacements.

VI. Plan. — Le choix fait pour ce commentaire immédiat est de suivre pas à pas les textes concernés du Code civil. Un chapitre préliminaire traitera des dispositions transitoires, dont l'importance n'a pas à être soulignée.

TABLEAU DES PRINCIPALES MODIFICATIONS

Divorce par consentement mutuel	- Une seule comparution
Divorce accepté	- Constat à tout moment, au cours de toute procédure - Rétractation impossible
Divorce pour altération	- Délai de 2 ans lors de l'assignation - Suppression des pénalités au demandeur
Divorce pour faute	- Suppression des pénalités attachées aux torts exclusifs (sauf dommages-intérêts pour particulière gravité et suppression de la prestation pour équité au regard des circonstances particulières)
Mesures provisoires	- Jouissance du logement : indication du caractère gratuit ou onéreux - Organisation de la mise en place du projet de liquidation
Convention pendant l'instance	- Forme notariée supprimée en l'absence d'immeubles - Conventions possibles sur autorité parentale et prestations, à homologuer

Date des effets	- Remplacement du jour de l'assignation par la date de l'ordonnance de non-conciliation - Report à la séparation : demande ouverte à tous, mais appréciation du juge
Prestation compensatoire	- Généralisation sauf *« équité »* - Prestations conventionnelles dans les divorces contentieux - Barème de substitution d'un capital à une rente - Apurement au décès du débiteur
Séparation de corps	- Délai de conversion réduit à deux ans - Devoir de secours sous forme de capital - Suppression des déchéances successorales liées aux torts
Donation entre époux	- Suppression de la nullité des donations déguisées - Suppression de la libre révocabilité des donations de biens présents

CHAPITRE PRÉLIMINAIRE

ENTRÉE EN VIGUEUR ET DISPOSITIONS TRANSITOIRES

1. Bien que reléguées, comme il est d'usage, à la fin de la loi, les dispositions relatives à son entrée en vigueur et à son application dans le temps présentent une importance décisive, au moins pendant une période temporaire (laquelle, compte tenu de leur économie, risque d'ailleurs de durer plusieurs années). Il est donc justifié de les examiner en préliminaire.

Disons d'emblée que ces dispositions, qui figuraient déjà telles quelles dans le projet de loi et n'ont subi aucune modification lors des travaux parlementaires, sinon sur des points mineurs de pure rédaction, présentent une économie d'ensemble qui n'évite pas la complexité, ce qui se traduira par deux conséquences majeures :

— d'une part, sur plusieurs points, un travail jurisprudentiel devra être effectué et il est à prévoir qu'un contentieux non négligeable se développera à leur sujet ;

— d'autre part et surtout, elles laissent un champ remarquablement étendu à la survie de la loi ancienne, mettant ainsi en place pour de nombreuses années, qui pourront même se compter en dizaines, une coexistence de deux régimes parallèles (rendant impérative pour les praticiens la conservation minutieuse de leurs anciens codes et documentation !).

Quoique concentrées sous l'unique n° 33, ces dispositions constituent en réalité onze articles distincts, dont l'architecture suit une stricte logique en réglant successivement la date d'entrée en vigueur de la loi (Section 1), puis son application aux procédures déjà engagées (Section 2) et enfin, le régime de révision des prestations compensatoires antérieures (Section 3). D'autres questions ne sont par ailleurs pas réglées (Section 4).

Section 1

L'entrée en vigueur

Art. 33.I
La présente loi entrera en vigueur le 1er janvier 2005

2. Date d'entrée en vigueur. — Renonçant avec bonheur à la technique du *« premier jour du nième mois suivant la publication »* de la loi (qui figurait au projet), la loi a fixé un jour calendaire qui présente en outre l'avantage d'être aisé à mémoriser.

Elle a en cela repris l'exemple de la loi du 11 juillet 1975 qui était entrée en vigueur le 1er janvier 1976 (art. 25).

Ce différé important s'explique, comme en 1975, par l'importance des réformes réglementaires à suivre qui doivent modifier les articles 1070 et suivants du nouveau Code de procédure civile. Fin juin, l'avant-projet était prêt et la publication du décret devrait pouvoir intervenir au tout début de l'automne, de sorte que les praticiens, juges, avocats et notaires, disposent d'un laps de temps raisonnable pour un début de familiarisation. Cette familiarisation est d'autant plus nécessaire que, tout particulièrement dans le divorce par consentement mutuel qui doit être désormais présenté *« tout prêt »* au juge, la phase de préparation *« intra-cabinet »* inclura des opérations jusqu'à présent rejetées à la période du délai de réflexion.

3. Conséquences quant à l'introduction des procédures : *« choix de loi »*. — Si explicable soit-il, ce différé produit un effet pervers du fait qu'il faut le conjuguer avec la règle — regrettable — maintenant sous l'empire du droit ancien (actuel) la plupart des procédures qui seront engagées avant le 1er janvier 2005 (cf. *infra* nos 5 et s.).

De ce fait, pendant tout l'été et tout l'automne 2004, l'époux qui s'apprête à engager une procédure de divorce disposera d'un véritable « *choix de loi* » : en accélérant les choses afin de pouvoir être autorisé à assigner avant le 1er janvier, il pourra faire en sorte de placer son divorce, y compris dans ses effets, sous l'empire de la loi ancienne « *survivante* » ; en choisissant à l'inverse de temporiser, il pourra choisir la loi nouvelle.

Par exemple, celui qui veut pouvoir encore profiter des déchéances des donations et avantages matrimoniaux (supprimées par le nouvel art. 265) aura intérêt à « *précipiter le mouvement* », tout comme celui qui espère échapper à une prestation compensatoire au bénéfice de torts exclusifs (suppression abolie par le nouvel art. 270) ou demander le transfert forcé d'un bien propre (que ne permet plus le nouvel art. 274). De même pour celui qui entend profiter du report de droit de la date de dissolution de la communauté au jour de la séparation (sur lequel le nouvel art. 262-1 instaure un pouvoir d'appréciation du juge) ou échapper au délai d'un an prescrit par le nouvel art. 267-1 pour les opérations de liquidation partage.

Il y aura donc pendant cette période intermédiaire des choix à faire qui risquent de produire des conséquences de longue échéance puisque c'est essentiellement sur les effets du divorce que la réforme apporte des modifications sensibles.

Une telle période de « *lex shopping* » n'est guère heureuse et il aurait assurément été préférable de décider que la loi nouvelle gouvernerait les conséquences de tous les divorces prononcés après son entrée en vigueur.

4. Conséquences quant aux textes abrogés. — En dehors même du procès en divorce lui-même, la loi abroge certains mécanismes comme le délai de viduité, la nullité des donations déguisées, la révocabilité des donations faites pendant le mariage.

Faute de toute exception prévue à cet égard, ces suppressions n'entreront, elles aussi, en vigueur qu'au 1er janvier prochain : d'où notamment cette conséquence remarquablement malheureuse que les donations faites jusqu'à la fin de 2004 resteront annulables pour déguisement et même peut-être révocables par simple déclaration (sauf un aléatoire travail de raisonnement transitoire : cf. *infra* n° 22).

Section 2

La loi applicable aux procédures en cours

Art. 33.II

Elle s'appliquera aux procédures en divorce introduites avant son entrée en vigueur sous les exceptions qui suivent :

a) lorsque la convention temporaire a été homologuée avant l'entrée en vigueur de la présente loi, l'action en divorce est poursuivie et jugée conformément à la loi ancienne ;

b) lorsque l'assignation a été délivrée avant l'entrée en vigueur de la présente loi, l'action en divorce est poursuivie et jugée conformément à la loi ancienne.

Par dérogation au b), les époux peuvent se prévaloir des dispositions des articles 247 et 247-1 du Code civil ; le divorce peut également être prononcé pour altération définitive du lien conjugal si les conditions de l'article 238 sont réunies et dans le respect des dispositions de l'article 246.

5. Effet d'affiche et réalité. — En énonçant d'emblée que la loi *« s'appliquera aux procédures introduites avant son entrée en vigueur »* — au motif, mis en avant lors des travaux parlementaires, qu'il s'agit *« de permettre au plus grand nombre de bénéficier de ces nouvelles dispositions législatives »* —, ce texte pousse au paroxysme l'art de l'affiche creuse : car les exceptions qui suivent absorbent purement et simplement ce principe apparent et, comble du paradoxe, un contenu réel ne lui revient que par l'effet... d'une exception à l'exception (cf. *infra* n° 10).

Pour mesurer la portée de cette disposition complexe, il faut distinguer les quatre régimes sous lesquels aura pu être introduite cette procédure en cours au 1er janvier 2005.

6. Divorce en cours sur requête conjointe. — Pour les procédures qui seront en cours sur requête conjointe (dénomination qu'elles auront empruntée à la loi de 1975 en vigueur lors de cette introduction), une distinction bien nette devra être établie.

— Si la requête temporaire est homologuée avant le 1er janvier 2005, c'est le régime antérieur qui continuera de s'appliquer. Il faudra donc encore retourner devant le juge aux affaires familiales pour seconde comparution et homologation de la convention définitive.

Cependant, en réservant expressément la possibilité pour les époux de se prévaloir de l'article 247 — qui leur permet *« à tout moment de la procédure »* de demander au juge de constater leur accord pour prononcer leur divorce par consentement mutuel — l'alinéa 4 les autorise sans doute à abréger le délai de réflexion de trois mois.

— Si aucune convention temporaire n'a été homologuée avant le 1er janvier 2005, c'est-à-dire si l'on en est encore au stade initial de la requête initiale de l'article 1090 du nouveau Code de procédure civile, la loi nouvelle sera applicable. Et ce, même si les époux ont déjà reçu la convocation de l'article 1092. L'audition prévue changera alors d'objet pour adopter celui de l'article 250 nouveau.

C'est dire qu'en pratique, la requête déjà déposée devra le plus souvent être reprise et modifiée, pour être conforme non plus à l'article 1091 ancien, mais à la nouvelle version de ce texte qui n'exigera plus seulement un simple *« projet de convention définitive »*, mais cette convention elle-même incluant un état liquidatif du régime matrimonial, qui devra être passé en la forme authentique si des immeubles sont compris dans la liquidation.

7. Divorce en cours pour faute. — Pour les procédures introduites sur le fondement de la faute, le départ entre loi ancienne et loi nouvelle se fera selon la date de l'assignation.

— Dès qu'une assignation aura été délivrée avant le 1er janvier 2005, c'est le régime de la loi ancienne qui continuera de gouverner l'ensemble de la procédure (il restera toujours possible à son auteur de s'en désister pour la renouveler après le 1er janvier s'il veut se placer sous le nouveau régime, même s'il n'est plus dans les six mois de l'ordonnance de non-conciliation, puisqu'il est admis que l'expiration de ce délai ne rend caduques que les mesures provisoires, et non le permis d'assigner).

En disposant pour ce cas que *« l'action en divorce est poursuivie et jugée conformément à la loi ancienne »*, le texte implique — quoiqu'il ne le dise pas expressément — que le divorce qui sera prononcé produira les effets qu'y attachait cette loi antérieure. De sorte que, pendant longtemps encore, seront prononcés des divorces pour faute emportant des conséquences abolies par la nouvelle loi, comme la déchéance des donations et avantages matrimoniaux, la privation du droit à prestation pour l'époux exclusivement coupable ou le caractère automatique du report des effets au jour de la séparation. Et ce, pendant d'autant plus longtemps que les voies de recours feront sans doute perdurer ce régime ancien (cf. *infra* n° 12).

La survie de cette loi ancienne pourra cependant être brisée par le recours aux *« passerelles »* des articles 247 et 247-1, mais sur accord des deux époux (cf. *infra* n° 10).

— Si, en revanche, aucune assignation n'a été délivrée avant le 1er janvier 2005, c'est-à-dire si l'on en est encore au stade de la requête initiale ou d'une simple ordonnance de non-conciliation, la procédure devra être poursuivie conformément à la loi nouvelle.

Ni la requête ni la tentative de conciliation n'auront à être recommencées. Mais la question se posera sans doute de la durée de validité des mesures provisoires prises par l'ordonnance de non-conciliation, puisque le délai de six mois de l'ancien article 1113 du nouveau Code de procédure civile sera porté à 30 mois.

Si l'on conserve à l'esprit le principe général que les textes nouveaux s'appliquent aux délais en cours, il semble raisonnable d'admettre que, dès lors que ces mesures n'étaient pas caduques — c'est-à-dire que l'ordonnance est postérieure au 1er juillet 2004 — elles resteront efficaces pendant la nouvelle durée de trente mois : il paraît en effet difficile de considérer que les parties à une ordonnance rendue entre le 1er juillet et le 31 décembre 2004 auraient un *« droit acquis »* à une caducité au bout de six mois.

8. Divorce en cours sur demande acceptée. — C'est ici aussi la date de l'assignation qui trace la frontière d'application des deux lois.

— La loi ancienne restera applicable si a été délivrée avant le 1er janvier 2005 l'assignation prévue à l'article 1136 (ancien) du nouveau Code de procédure civile, c'est-à-dire celle qui fait suite à l'ordonnance constatant le *« double aveu »*.

Ce qui emporte que ce double aveu continuera d'être susceptible d'être rétracté en appel comme le permettait la jurisprudence antérieure condamnée par le nouvel article 233 alinéa 2.

— Si, à l'inverse, aucune assignation n'a été délivrée avant le 1er janvier 2005, la suite de la procédure passera sous l'empire du régime nouveau.

Ainsi, par un curieux chassé-croisé, à partir du 1er janvier 2005, l'appel aux fins de rétractation d'une ordonnance antérieurement rendue cessera donc d'être possible si cette ordonnance n'a pas été suivie d'assignation, mais le sera encore si une assignation est déjà intervenue.

Quant aux mesures provisoires décidées par cette ordonnance antérieure, et à leur durée d'efficacité, la situation est la même qu'en cas d'ordonnance de non-conciliation dans un divorce pour faute (cf. *supra* n° 7 *in fine*).

9. Divorce en cours pour rupture de la vie commune. — C'est dans ce cas seulement (statistiquement marginal) que l'on pourra être en présence d'une véritable application immédiate de la loi nouvelle aux procédures en cours.

En effet, en disposant que *« le divorce peut également être prononcé pour altération définitive du lien conjugal si les conditions de l'article 238 sont réunies »*, le texte n'exige pas qu'une nouvelle assignation soit délivrée à cette fin : une assignation antérieure pourra donc déboucher sur ce nouveau divorce.

D'où deux situations à distinguer :

— si au 1er janvier 2005 on en est encore au stade de la requête initiale de l'article 1123 du nouveau Code de procédure civile, ou de l'ordonnance de non-conciliation, non encore suivie d'une assignation, la loi nouvelle s'appliquera en vertu de l'article 33-I alinéa 1er ; requête et ordonnance de non-conciliation n'auront pas à être réitérées et conserveront leur valeur comme dans le cas de divorce pour faute (cf. *supra* n° 7), mais l'assignation ultérieure ne pourra tendre qu'au nouveau divorce pour altération ;

— si une assignation a été délivrée avant le 1er janvier 2005, la séparation antérieure depuis plus de 2 ans (par hypothèse incluse dans les 6 ans auparavant exigés) emportera que le divorce s'appréciera au regard du nouvel article 238 et produira les effets de ce nouveau divorce pour altération, sans survie de devoir de secours ni déchéances mais avec droit à prestation compensatoire, y compris éventuellement pour le demandeur.

Autrement dit, dès le 1er janvier 2005, plus aucun divorce pour rupture de la vie commune ancienne formule ne pourra être prononcé. Ce qui conduira nécessairement, dans les procédures où les parties auront déjà conclu, à une réouverture des débats pour adaptation.

La précision du texte *« dans le respect des dispositions de l'article 246 »* signifie que, comme auparavant en vertu de l'ancien article 241, la demande reconventionnelle pour faute sera examinée en priorité. Mais comme il n'est plus interdit au demandeur initial de rétorquer à cette demande reconventionnelle pour faute en invoquant à son tour des fautes (comme c'était le cas selon l'article 241 *in fine*), il y aura lieu de ce point de vue encore d'adapter les débats en cours, voire de les rouvrir.

10. Passerelles. — En ouvrant la possibilité d'invoquer dans les procédures en cours les articles 247 et 247-1, ainsi que l'article 238, l'alinéa 4 du texte établit trois *« passerelles »* permettant de modifier ces procédures pour les orienter vers un autre des cas légaux.

— ***Vers le consentement mutuel*** : dans le fil des anciens articles 246 du Code civil et 1077 du nouveau Code de procédure civile, l'article 247 permet à tout moment aux époux engagés dans l'une des trois autres procédures d'établir une convention et de la présenter au juge pour homologation.

La disparition du délai de réflexion autorise une homologation immédiate ; celle-ci est ouverte même pour les procédures en cours (sans avoir à respecter la double comparution et le délai de réflexion anciens).

— ***Vers le divorce accepté*** : l'article 247-1, qui autorise les époux engagés dans une procédure pour faute ou pour altération à demander *« à tout moment »* au juge de constater leur accord, est déclaré applicable aux instances en cours, et l'est donc aussi dans celles qui avaient été initiées dans le cadre ancien de la rupture de la vie commune.

Dans les cas où une ordonnance de non-conciliation aura déjà été rendue avant le 1er janvier 2005, la nouvelle ordonnance constatant cet accord des époux sur le principe du divorce s'y substituera (ou s'y ajoutera s'il n'est pas nécessaire de modifier les mesures provisoires déjà prises) et les époux seront renvoyés à assigner selon le futur article 1123 du nouveau Code de procédure civile.

Dans les cas où une assignation aura déjà été délivrée, l'intervention de cette nouvelle ordonnance constatant l'accord des époux sur le principe les obligera probablement à procéder à une nouvelle assignation.

— ***Vers le divorce pour altération*** : c'est sans doute la passerelle la plus remarquable du point de vue transitoire. En précisant que, même quand une assignation a été délivrée avant le 1er janvier 2005, le divorce peut *« être prononcé pour altération définitive du lien conjugal si les conditions de l'article 238 sont réunies »*, le texte permet de passer d'un divorce pour faute en cours à ce nouveau divorce si les époux étaient séparés depuis 2 ans lors de cette assignation.

Rien n'exige qu'une nouvelle assignation soit délivrée et ce passage pourra se faire par voie de simples conclusions (le juge devant tout de même examiner la faute en priorité si la demande sur ce fondement est maintenue).

Le juge qui entend rejeter un divorce pour faute pourra-t-il relever d'office cette altération définitive si elle ressort des débats pour prononcer quand même le divorce ? Pourvu qu'il rouvre les débats dans le respect de l'article 16 du nouveau Code de procédure civile, cela semble possible.

Art. 33.III

Les dispositions du II sont applicables aux procédures en séparation de corps.

11. Parallélisme. — L'extension des dispositions précédentes aux procédures en séparation de corps n'appelle, semble-t-il, qu'une seule observation, tirée de l'article 297 qui n'autorise pas la demande reconventionnelle en séparation de corps sur une demande principale pour altération (cf. *infra* n° 132).

Quid des demandes principales antérieures pour rupture de la vie commune, qui sont « *transformées* » par la loi en demandes pour altération (cf. *supra* n° 9) ou encore des demandes principales antérieures pour faute, qui peuvent l'être par « *passerelle* » (cf. *supra* n° 10) ? L'application immédiate de la loi nouvelle pourrait s'opposer dès le 1er janvier 2005 à l'accueil de ces demandes reconventionnelles.

Sur les instances en conversion des séparations de corps antérieures, v. *infra* n° 13.

Art. 33.IV

L'appel et le pourvoi en cassation sont formés, instruits et jugés selon les règles applicables lors du prononcé de la décision de première instance.

12. Loi applicable en cause d'appel et de cassation. — Sans doute pour éviter les déconvenues rencontrées à l'occasion de la loi du 30 juin 2000, qui se déclarait applicable aux instances en cours à défaut de jugement passé en force de chose jugée (d'où un abondant contentieux de cassation, l'effet suspensif du pourvoi empêchant en la matière les arrêts de passer en force de chose jugée), l'article 33-IV a entendu régler explicitement le cas de la loi applicable en cause d'appel ou de cassation.

Le parti adopté, clairement exprimé lors des travaux préparatoires, est de maintenir l'ensemble de l'instance, appel et pourvoi en cassation compris, sous une même loi, c'est-à-dire la loi ancienne dès lors que celle-ci était applicable en première instance : *« il s'agit d'éviter que des parties n'interjettent appel ou ne se pourvoient en cassation afin de bénéficier de la loi nouvelle »*.

Malheureusement le libellé retenu est loin de revêtir la même netteté, bien au contraire. Il n'est pas disposé que la loi applicable en cause d'appel ou de cassation est celle qui était applicable en première instance, mais *« lors du prononcé de la décision de première instance »*. Lue à la lettre, cette formule soumettrait à la loi nouvelle les voies de recours contre tout jugement prononcé après le 1er janvier 2005, alors même que le jugement aurait, quant à lui, appliqué le droit ancien en vertu de l'article 33-II.

Ne serait-ce qu'une maladresse de plume, on pourrait suggérer de la dépasser par référence aux travaux parlementaires (encore que, selon une jurisprudence constante et justifiée, ces derniers doivent céder devant le texte lui-même qui tient toute son autonomie du vote).

Mais il se trouve qu'en outre, ce choix du maintien de la loi ancienne est loin d'être incontestable. S'il se conçoit en effet du point de vue du pourvoi en cassation (car la Cour de cassation ne juge pas le procès, mais l'arrêt et le fait nécessairement au regard du droit qu'il devait appliquer), on peut en revanche sérieusement penser que devant la Cour d'appel, saisie par l'effet dévolutif de l'entier litige *« en fait et en droit »* (article 561 du nouveau Code de procédure civile), les *« améliorations »* d'une loi nouvelle doivent pouvoir être mises en œuvre (car si elle n'est pas meilleure, elle n'eût pas été votée...). C'est ce qu'admet logiquement la jurisprudence en l'absence de disposition légale contraire (1).

Figer le seul cadre juridique du procès pour maintenir la loi ancienne alors même qu'on admet qu'il s'alimente des éléments de fait survenus en cours d'instance, ne va au surplus pas sans inconvénients, et à titre principal celui d'ouvrir une période de plusieurs années durant lesquelles coexisteront les deux régimes, selon la date de l'assignation initiale, comme si celle-ci conférait une sorte de droit acquis à une application de la loi ancienne, même aux effets futurs d'un divorce qui n'est pas encore prononcé.

---

1. Civ. 3e, 7 octobre 1987, *JCP* 87.IV.377 — v. Normand, *RTD civ.* 1974.448 et Perrot, *ibid.* 470.

C'est pourquoi il n'est pas interdit d'être tenté de prendre la loi à la lettre, ce qui aurait en outre l'avantage d'effectuer la distinction pertinente entre l'appel et le pourvoi en cassation : la Cour d'appel ne devrait continuer d'appliquer la loi ancienne que si le jugement entrepris a été rendu avant le 1er janvier 2005, mais au contraire la loi nouvelle pour tous les jugements postérieurs ; et la Cour de cassation, par voie de conséquence, devrait automatiquement apprécier l'arrêt d'appel selon la loi qu'il avait à appliquer.

Art. 33.V

Les demandes de conversion sont formées, instruites et jugées conformément aux règles applicables lors du prononcé de la séparation de corps.

13. Loi applicable aux conversions de séparation de corps en divorce. — Bien que le texte ne parle que des *« demandes de conversion »*, il implique aussi un maintien de la loi ancienne pour les effets du divorce issus de cette conversion.

C'est dire que, non seulement le délai ancien de trois ans restera exigé à chaque fois que la séparation de corps aura été prononcée avant le 1er janvier 2005, mais encore que le divorce qui sera alors prononcé produira encore les effets d'un *« divorce 1975 »* (privation de la prestation pour l'époux coupable, déchéance des donations et avantages matrimoniaux, etc.). Et ce, même si cette conversion n'intervient qu'en 2010 ou 2020 !

Bien plus, on retrouve ici la question qui vient d'être évoquée pour les voies de recours : si l'on suit non pas la lettre du texte, qui s'attache à la loi applicable *« lors du prononcé de la séparation de corps »*, mais sa volonté de reprendre la jurisprudence qui s'était dégagée après la loi de 1975 (2), on parvient à ce résultat que les séparations de corps qui viendront à être prononcées après 2005, mais sur une assignation antérieure,

---

2. Déclarant la conversion et ses effets gouvernés par la loi en vigueur *« lors de la requête initiale en séparation de corps »* : Civ. 2e, 27 avril 1979, *RTD civ.* 1979.650, Obs. Normand — 27 novembre 1980, *Bull.* II n° 248.

déboucheront des années plus tard sur un divorce encore régi par la loi ancienne. Résultat quelque peu effrayant !

Auquel il peut cependant être remédié de deux manières :

— d'une part en s'en tenant à la lettre du texte qui vise la loi applicable *« lors du **prononcé** de la séparation de corps »*, ce qui permet d'appliquer la loi nouvelle dès que ce prononcé est postérieur au 1er janvier 2005, par un raisonnement identique à celui présenté au sujet des voies de recours (cf. *supra* n° 22) ;

— d'autre part, en constatant qu'après deux ans de séparation (même de fait seulement et remontant ainsi au plus tard à l'ordonnance de non-conciliation), n'importe lequel des époux peut former une nouvelle demande autonome en divorce pour altération, qui sera soumise à la loi nouvelle et conduira à un divorce produisant ses effets propres, donc ceux de la loi nouvelle ; on rappellera à cet égard que, même si cela revient à neutraliser un texte (comme celui excluant la demande unilatérale de conversion d'une séparation sur requête conjointe), le procédé a été admis par la Cour de cassation (3).

---

3. Civ. 2e, 11 décembre 1991, *Bull.* II n° 343, permettant la demande en divorce pour rupture de la vie commune entre époux séparés de corps sur requête conjointe.

Section 3

La révision des prestations compensatoires antérieures

14. Abrogation des dispositions transitoires de la loi du 30 juin 2000. — Les articles 20 à 23 de la loi du 30 juin 2000, qui organisaient l'application de la nouvelle révision des prestations compensatoires à celles antérieurement fixées, sont abrogés (art. 23 de la loi) et remplacés par un ensemble composé de six textes (art. 33-VI à 33-XI), remplacement à effet immédiat même aux instances en cours (art. 33-IX).

Art. 33.VI

Les rentes viagères fixées par le juge ou par convention avant l'entrée en vigueur de la loi nº 2000-596 du 30 juin 2000 relative à la prestation compensatoire en matière de divorce peuvent être révisées, suspendues ou supprimées à la demande du débiteur ou de ses héritiers lorsque leur maintien en l'état procurerait au créancier un avantage manifestement excessif au regard des critères posés à l'article 276 du Code civil.

L'article 276-3 de ce code est applicable à la révision, à la suspension ou la suppression des rentes viagères fixées par le juge ou par convention avant l'entrée en vigueur de la présente loi.

La substitution d'un capital aux rentes viagères fixées par le juge ou par convention avant l'entrée en vigueur de la présente loi peut être demandée dans les conditions fixées à l'article 276-4 du même code.

15. Disposition commune à toutes les rentes viagères fixées avant le 1er janvier 2005. — Les alinéas 3 et 4 du texte rendent applicables à toutes ces rentes antérieures — peu importante qu'elles aient été fixées par le juge ou par les époux eux-mêmes dans une convention homologuée — la procédure de suppression ou révision de l'article 276-3 (cf. *infra* n° 109) tout comme celle tendant à la substitution d'un capital de l'article 276-4, désormais assorti d'un barème (cf. *infra* n° 110).

Ce n'est que la reprise de l'article 20 de la loi du 30 juin 2000 (si la possibilité pour le juge de refuser la substitution par décision spécialement motivée n'est pas reprise ici, c'est qu'elle figure maintenant, à titre permanent, dans le texte même de l'article 276-4, à l'alinéa 4).

Ne manquera pas de se poser la question suivante : celui qui a essuyé un rejet de sa demande sur le fondement de la loi du 30 juin 2000 pourra-t-il en présenter une nouvelle en s'appuyant sur les nouveaux textes, même s'il ne peut faire état d'un fait nouveau depuis ce rejet ?

La réponse est assurément positive : du seul fait que la rédaction des articles 276-3 et 276-4 a été modifiée (et qu'en outre un barème vient compléter le second), la cause juridique de sa nouvelle demande n'est plus la même et on ne peut lui opposer l'autorité de la chose jugée de la décision de rejet.

Mais la remise en cause inverse est sans doute plus délicate : si une révision est déjà intervenue, il faudra sans doute un nouveau changement pour demander la révision de la révision ; et si un capital a déjà été substitué à la rente, il semble difficile de rééditer l'opération, même si la substitution a été faite sur des bases éloignées de celle résultant du barème réglementaire désormais mis en place.

16. Disposition propre aux rentes viagères fixées avant le 30 juin 2000. — Pour ces seules rentes viagères, est créé par l'alinéa 1er un cas supplémentaire de révision ou suppression pour *« excès manifeste »*, ouvert au seul débiteur (et à ses héritiers) : c'est le cas où le *« maintien en l'état procurerait au créancier un avantage manifestement excessif au regard des critères posés à l'article 276 du Code civil »*.

C'est là une disposition très importante.

À côté donc de la révision pour changement important de l'article 276-3 que le débiteur d'une rente viagère antérieure au 30 juin 2000 peut demander ou redemander comme on l'a vu (cf. *supra* n° 15), ce même débiteur peut, sans avoir à établir un tel changement, demander néanmoins la révision ou la suppression si la rente procure un avantage manifestement excessif à son bénéficiaire *« au regard des critères posés à l'article 276 »*.

Ce renvoi de référence n'est pas d'une clarté absolue. L'article 276 est en effet celui qui autorise exceptionnellement l'octroi d'une rente viagère *« lorsque l'âge ou l'état de santé du créancier ne lui permet pas de subvenir à ses besoins »*, précisant qu'en ce cas le montant de la rente est fixé en considération des *« éléments d'appréciation prévus à l'article 271 »* (c'est-à-dire tous les paramètres d'évaluation de la prestation).

On peut donc penser que l'excès manifeste s'apprécie par rapport à l'âge et à l'état de santé du créancier : à chaque fois que ces facteurs n'empêchent pas le créancier de subvenir à ses besoins (de telle sorte qu'aux yeux de la loi depuis 2000 une rente viagère n'aurait pas dû lui être allouée), la révision pourra être demandée sur le simple constat de l'avantage manifestement excessif, même si la situation initiale n'a pas subi de changement.

Comme c'est au jour où il statue que le juge devra apprécier cet excès manifeste, c'est un véritable pouvoir de révision qui lui est conféré :

— soit révision d'une décision judiciaire dont il estime les résultats actuels manifestement excessifs, alors même qu'en l'absence de *« changement important »* c'est l'appréciation du juge initial qui est ainsi remise en cause ;

— soit révision d'une convention homologuée par laquelle les époux eux-mêmes avaient fixé la rente viagère.

Naturellement, comme elle repose ainsi sur un texte nouveau, cette demande sera possible alors même que son auteur aurait été auparavant débouté d'une demande *« classique »* fondée sur un changement de situation.

En outre, elle pourra être formulée dans les instances en cours (art. 33-IX).

Art. 33.VII

Les rentes temporaires fixées par le juge ou par convention avant l'entrée en vigueur de la présente loi peuvent être révisées, suspendues ou supprimées en cas de changement important dans les ressources ou les besoins de l'une ou l'autre des parties. Leur révision ne peut conduire à proroger leur durée initiale, sauf accord des parties. La révision ne peut avoir pour effet de porter la rente à un montant supérieur à celui fixé initialement par le juge.

La substitution d'un capital aux rentes temporaires fixées par le juge ou par convention avant l'entrée en vigueur de la présente loi peut être demandée dans les conditions prévues à l'article 276-4 du Code civil.

17. Rentes temporaires antérieures. — Il s'agit de rentes judiciaires allouées avant le 30 juin 2000 puisque la loi de cette date en a supprimé la possibilité, ou encore de rentes temporaires fixées depuis lors dans des conventions homologuées.

Leur révision est ouverte dans les conditions de l'article 276-3 (mais sans renvoi à ce texte, qui a seulement été recopié). Il est en outre précisé que cette révision ne peut conduire à prolonger la durée initiale.

N'est pas ici reprise la disposition exceptionnelle ouvrant une révision pour excès manifeste (cf. *supra* n° 16).

Quant à la substitution par un capital, elle est également ouverte par renvoi à l'article 276-4 (dont le décret d'application devra donc prévoir un barème spécial pour les rentes temporaires).

Art. 33.VIII

Les prestations compensatoires fixées par le juge ou par convention avant l'entrée en vigueur de la présente loi sous la forme prévue au premier alinéa de l'article 275 du Code civil, tel qu'il résulte de l'article 6, peuvent être révisées dans les conditions prévues par le deuxième alinéa de ce même article.

18. Capitaux à l'échelonnement en cours. — D'une rédaction emblématique du style abscons à la mode, ce texte a pour seul objet de rendre applicable aux échelonnements en cours le régime de révision qui permet au débiteur, en cas de changement important de sa propre situation, de demander la révision de l'échéancier, avec éventuel dépassement du maximum de huit ans (cf. *infra* n° 110).

Art. 33.IX
Les VI et VII sont applicables aux instances en cours qui n'ont pas donné lieu à une décision passée en force de chose jugée.

19. Application aux instances en cours. — Sont déclarés applicables aux instances en cours les articles 33-VI et VII relatifs à la révision des rentes antérieures.

Dès le 1er janvier 2005, les demandes de révision antérieures seront donc examinées à la lumière de ces dispositions et non plus des articles 20 à 23 de la loi du 30 juin 2000.

Cela en première instance et en cause d'appel, mais non devant la Cour de cassation : le pourvoi n'étant pas suspensif à l'égard d'un arrêt statuant sur ces demandes, les arrêts rendus avant le 1er janvier 2005 (même non signifiés) seront passés en force de chose jugée et les pourvois à leur encontre devront être jugés selon la loi antérieure.

Art. 33.X
Les dispositions des articles 280 à 280-2 du Code civil, tel qu'il résulte de l'article 6, sont applicables aux prestations compensatoires allouées avant l'entrée en vigueur de la présente loi sauf lorsque la succession du débiteur a donné lieu à partage définitif à cette date. Dans ce dernier cas, les dispositions prévues aux deuxième et troisième alinéas du VI, au VII et au VIII sont applicables aux héritiers du débiteur. Ceux-ci peuvent également se libérer à tout moment du solde du capital indexé lorsque la prestation compensatoire prend la forme prévue au premier alinéa de l'article 275 du Code civil, tel qu'il résulte de l'article 6.

20. Le décès du débiteur des prestations antérieures. — Le nouveau dispositif des articles 280 à 280-2 organisant l'apurement de la prestation au décès du débiteur est déclaré applicable aux prestations allouées avant le 1er janvier 2005. C'est une évidence si le débiteur ne décède qu'après cette date, mais le texte étend cette application à toutes les successions non encore liquidées (ou liquidées seulement en partie) à cette date.

S'il y a eu partage définitif et que les héritiers sont devenus personnellement débiteurs d'une rente viagère, d'une rente temporaire ou d'un capital échelonné en cours, le texte leur ouvre les actions précédemment examinées.

Se posera alors la question, pour les actions subordonnées à un changement important, de savoir comment apprécier ce changement : par rapport à la situation du débiteur avant son décès, à celle de la succession depuis son ouverture ou encore à la situation personnelle des héritiers (et, s'ils sont plusieurs, individuellement en raison de la division des dettes). Sans doute tout changement affectant l'un de ces éléments pourra-t-il être pris en compte (cf. *infra* n° 126).

Art. 33.XI

Les pensions de réversion versées du chef du conjoint décédé avant la date d'entrée en vigueur de la loi n° 2000-596 du 30 juin 2000 précitée peuvent être, sur décision du juge saisi par les héritiers du débiteur de la prestation compensatoire, déduites du montant des rentes en cours.

21. Imputation des pensions de réversion. — Ce texte reproduit l'article 22 de la loi du 30 juin 2000 et autorise les héritiers à demander au juge de réduire les rentes en cours d'un montant égal aux pensions de réversion que le créancier perçoit éventuellement du chef de leur auteur décédé.

Section 4

Questions non réglées

22. Modifications soumises au droit commun. — Hors du champ des dispositions précitées, la loi décide quelques modifications ou abrogations qui ne font l'objet d'aucune précision d'ordre transitoire.

On ne peut prétendre être préventivement exhaustif en un tel domaine, mais trois cas attirent d'ores et déjà l'attention tant est dépourvu de risque le pari de les voir poser problème.

— ***La suppression de la nullité des donations déguisées entre époux*** par abrogation de l'article 1099 alinéa 2 du Code civil : la nullité d'un acte s'appréciant nécessairement selon la loi en vigueur lors de sa conclusion, l'absence de toute disposition transitoire à cet égard emporte que les donations déguisées faites avant le 1er janvier 2005 resteront annulables jusqu'à l'expiration du délai de prescription (de surcroît suspendu pendant le mariage : article 2244). On peut seulement souhaiter que se renforce encore le mouvement d'assèchement de ce texte qu'avait sérieusement entrepris la jurisprudence depuis une vingtaine d'années, en jouant tant sur la notion de donation (exclue lorsqu'elle est *« rémunératoire »*) que sur celle de déguisement (exigeant une affirmation positivement mensongère).

A quoi l'on peut ajouter que le fait d'avoir convenu des effets du divorce (dans un divorce par consentement mutuel) ou débattu de ces effets (dans un divorce contentieux) sans soulever cette nullité devrait être regardé comme emportant renonciation au droit de l'invoquer par la suite (et de bouleverser ainsi les bases qui ont servi à fixer ou écarter cette prestation), par application de l'idée qui fonde l' *« estoppel »* (interdiction de prendre des positions successives contradictoires).

— ***La suppression de la révocabilité des donations de biens présents en cours de mariage*** par modification de l'article 1096 soulève les mêmes enjeux, à ceci près que l'on pourrait peut-être placer au jour de l'acte de révocation et non à celui de la donation le choix de la loi applicable : après tout, il ne s'agit que des effets futurs d'un acte et il n'est pas évident qu'un donateur jouisse d'un *« droit acquis »* à exercer dans l'avenir une faculté de révocation que la loi nouvelle a supprimée entre-temps.

— ***Le report de la dissolution de la communauté au jour de la séparation***, modifié par les articles 262-1 et 1442 à plusieurs égards (obligation de former la demande au cours de l'instance en divorce ; suppression de l'exception attachée aux torts principaux de la séparation ; ouverture d'un pouvoir d'appréciation du juge), peut aussi soulever des interrogations : la demande faite après le prononcé du divorce, et au cours des opérations de liquidation, qui reste recevable pour les divorces antérieurs, supporte-t-elle encore la restriction des torts principaux (qui sont ceux de la séparation et non du divorce) et s'impose-t-elle encore au juge ?

DISPOSITION GÉNÉRALE

LE JUGE DU DIVORCE

Art. 228

Le tribunal de grande instance statuant en matière civile est seul compétent pour se prononcer sur le divorce et ses conséquences.

Un juge de ce tribunal est délégué aux affaires familiales.

Ce juge a compétence pour prononcer le divorce, quelle qu'en soit la cause. Il peut renvoyer l'affaire en l'état à une audience collégiale. Ce renvoi est de droit à la demande d'une partie. Il est également seul compétent, après le prononcé du divorce, quelle qu'en soit la cause, pour statuer sur les modalités de l'exercice de l'autorité parentale, sur la modification de la contribution à l'entretien et l'éducation des enfants et pour décider de confier ceux-ci à un tiers ainsi que sur la révision de la prestation compensatoire ou de ses modalités de paiement.

23. Déplacement emblématique. — Ce texte n'est autre que l'ancien article 247 (qui avait été lui-même modifié en 1993 puis en 2002), dont seul l'alinéa 4 subit de très légères retouches qui sont de pure rédaction.

Ce qui est seul remarquable est son transfert pour être placé en disposition générale en tête du titre VI *« Du divorce »* (utilisant ainsi le vide laissé à l'article 228 par la suppression du délai de viduité, disposition qui, ne concernant que les femmes, était devenue discriminatoire du fait des multiples procédés rendant vaine la crainte de *« confusion de parts »* qui en était la raison d'être).

Cet emplacement nouveau est emblématique de la volonté de maintenir une conception purement judiciaire du divorce et de repousser la suggestion d'un divorce simplement enregistré à l'état civil, du moins dans les cas les plus simples et non contentieux.

24. Le juge qui prononce le divorce. — Comme on sait, le juge aux affaires familiales a reçu compétence, depuis 1993, non seulement pour la tentative de conciliation et les mesures provisoires, mais encore pour prononcer seul le divorce, sauf renvoi devant la formation collégiale à son initiative ou à la demande d'une des parties.

On constate que, peut-être sous la pression diffuse d'une sorte de *« bienséance judiciaire »*, ces demandes de renvoi sont en pratique rarissimes. On peut le regretter sur deux plans : d'un point de vue psychologique, il est probable que, dans les divorces vraiment contentieux, la décision serait mieux acceptée si elle était collégiale, ce qui pourrait diminuer le taux de recours ; d'un point de vue strictement juridique, le fait que les conséquences du divorce soient fixées par celui-là même qui a déjà mis en place les mesures provisoires peut un jour poser problème au regard de l'exigence d'impartialité objective dans la conception imposée par l'article 6-1 de la Convention européenne des droits de l'homme : car s'il y a des avantages à une certaine continuité, il y a aussi le risque de l'opinion déjà arrêtée, voire du souci de ne pas désavouer les conséquences de ses propres mesures provisoires.

25. Le juge de l'après-divorce. — Ce même juge aux affaires familiales est aussi compétent pour toutes les demandes de modification après divorce, y compris la révision de la prestation compensatoire. Il avait même été envisagé un moment d'étendre ses pouvoirs à la liquidation du régime matrimonial, mais l'idée a finalement été abandonnée.

Ici encore, il faut prendre garde à l'exigence d'impartialité, qui doit conduire à éviter que le juge qui a organisé le divorce soit personnellement appelé à statuer sur la modification ou la révision de sa propre décision.

CHAPITRE I

DES CAS DE DIVORCE

Art. 229

Le divorce peut être prononcé en cas :

– soit de consentement mutuel ;

– soit d'acceptation du principe de la rupture du mariage ;

– soit d'altération définitive du lien conjugal ;

– soit de faute.

26. Maintien du système des *« cas »*. — Exprimant la volonté de maintenir l'*« originalité française »* (complaisamment évoquée lors des travaux préparatoires) tenant à la pluralité de voies d'accès au divorce, l'article 229 traduit aussi, plus profondément, l'attachement à l'idée, à peine atténuée, qu'une cause est nécessaire au prononcé du divorce. Autrement dit, que le mariage civil, bien que laïque, baigne toujours dans une logique d'indissolubilité imposant qu'on ne puisse en sortir qu'à la condition de pouvoir justifier d'une cause soumise à l'appréciation objective du juge et non à la seule discrétion ou liberté de chacun des époux.

Certes, le contenu de ces *« cas »* s'est considérablement élargi, de sorte que deviendra de moins en moins fréquente la situation d'un conjoint contraint juridiquement (car il reste l'économique...) de demeurer dans les liens d'un mariage qu'il ne supporte plus. Il reste significatif que, sans doute en partie pour ne pas heurter une opinion que l'on croit globalement conservatrice en ce domaine, on a maintenu le système des cas apparaissant comme autant de dérogations à un principe sous-jacent de perpétuité du mariage.

Section 1

Du divorce par consentement mutuel

Art. 230

Le divorce peut être demandé conjointement par les époux lorsqu'ils s'entendent sur la rupture du mariage et ses effets en soumettant à l'approbation du juge une convention réglant les conséquences du divorce.

27. Simple accélération. — Désormais seul visé sous cette dénomination, l'ancien *« divorce sur demande conjointe »* n'est pas transformé, mais simplement privé de quelques freins qui en ralentissaient le cours : si cette forme de divorce reste toujours fermée dès qu'un des époux est sous un régime d'incapacité (cf. *infra* art. 249-4), sont supprimés d'une part, le délai de *« franchise »* des six premiers mois du mariage et, d'autre part et surtout, le délai de réflexion de trois mois qui séparait les deux comparutions devant le juge aux affaires matrimoniales (d'où l'abrogation pure et simple de l'article 231).

Conséquence directe : les époux n'ont plus à présenter une convention temporaire pour régir la période de réflexion et la convention qu'ils soumettent à l'approbation du juge n'est pas un simple projet, mais d'emblée la convention définitive.

S'il en résulte naturellement une accélération de la procédure, il est évident qu'en fait, la période préalable de préparation de cette convention s'en trouvera souvent augmentée : c'est en amont — sans encore encombrer les tribunaux... — que devra s'effectuer une bonne partie du travail qui occupait jusqu'alors la période séparant les deux comparutions.

La convention devra en effet comporter, comme il est évident et comme le précise l'avant-projet de décret d'application (art. 1091 du nouveau Code de procédure civile), un état liquidatif. Et, à chaque fois qu'il existera des immeubles dans le patrimoine commun ou indivis à liquider, cet état liquidatif devra être notarié.

C'est dire que l'accélération résultant du passage à un seul et unique rendez-vous judiciaire sera surtout sensible pour les divorces *« simples »* intéressant les époux sans enfants ni patrimoine. Elle peut, il est vrai, se doubler d'une accélération indirecte, résultant de l'allégement des calendriers des juges aux affaires matrimoniales permettant de réduire les délais de fixation d'audience...

Art. 231
Abrogé, non remplacé.

Art. 232
Le juge homologue la convention et prononce le divorce s'il a acquis la conviction que la volonté de chacun des époux est réelle et que leur consentement est libre et éclairé.

Il peut refuser l'homologation et ne pas prononcer le divorce s'il constate que la convention préserve insuffisamment les intérêts des enfants ou de l'un des époux.

28. Pouvoirs du juge. — Inchangé (sous réserve d'un détail de pure rédaction), ce texte maintient l'alternative ouverte au juge aux affaires familiales entre homologation et refus.

Les deux branches de cette alternative seront reprises et précisées par les articles 250-1 à 250-3.

Le critère de décision prescrit au juge est en réalité double :

— à titre premier, il vérifie le consentement *« libre et éclairé »* de chaque époux ; on peut seulement remarquer que la réduction de la procédure à un rendez-vous unique rendra bien superficielle cette vérification ; elle est pourtant lourde de conséquences puisqu'elle transforme la convention homologuée en décision de justice, et la soustrait ainsi à toute action en nullité pour vice du consentement (ou pour toute autre cause), en vertu de la règle « *voies de nullité n'ont lieu contre les jugements* » ; la « *conviction* » du juge, si bref soit le temps dont il dispose pour la forger, doit donc être ferme ; et le moindre doute doit le conduire à un refus qui lui est évidemment ouvert pour cette cause, même si l'alinéa 2 ne le précise pas ;

— en outre, et donc même une fois cette conviction acquise, le juge peut encore refuser l'homologation si les « *intérêts des enfants ou de l'un des époux* » sont insuffisamment préservés ; c'est ici un contrôle objectif qui est placé entre ses mains, témoignant que la seule volonté des époux n'est pas toute puissante ; ici encore, l'audience unique laissera peu de marge au juge, qui devra avoir étudié auparavant le texte de la convention (obligatoirement joint à la requête : art. 1091 du nouveau Code de procédure civile).

Section 2

Du divorce accepté

Art. 233

Le divorce peut être demandé par l'un ou l'autre des époux ou par les deux lorsqu'ils acceptent le principe de la rupture du mariage sans considération des faits à l'origine de celle-ci.

Cette acceptation n'est pas susceptible de rétractation, même par la voie de l'appel.

29. Simplification du divorce sur demande acceptée. — Est abandonné le mécanisme du double mémoire de la loi de 1975. Il suffit qu'à l'initiative de l'un d'entre eux ou à leur initiative commune (nouveauté), soit constaté l'accord des époux sur *« le principe de la rupture du mariage »*.

Paradoxalement, c'est donc au moment où il est sorti de la catégorie des divorces *« par consentement mutuel »* que ce divorce s'en rapproche le plus !

Ce qui explique qu'il soit, comme ce dernier, fermé aux époux dont l'un est frappé d'incapacité (cf. *infra* art. 249-4).

Le constat de l'accord des époux — qui peut même se faire à tout moment d'une procédure engagée sur une autre cause (cf. *infra* art. 247-1) — présente un caractère définitif et irrévocable : l'alinéa 2 exclut désormais toute rétractation, *« même par la voie de l'appel »*.

Ce qui ne signifie pas qu'un appel devienne nécessairement sans objet quant au principe du divorce : si un époux ne peut pas *« rétracter »* son consentement et en nier l'existence même, il lui reste possible de contester l'avoir donné *« librement »*, point que l'article suivant donne mission au juge de vérifier.

Art. 234
S'il a acquis la conviction que chacun des époux a donné librement son accord, le juge prononce le divorce et statue sur ses conséquences.

30. Double office du juge. — Dans cette forme de divorce, le juge a un double office :

— d'abord, vérifier que *« chacun des époux a donné librement son accord »* ; bien que non reprise ici, la précision que le consentement doit ainsi être *« éclairé »* de l'article 232 s'applique évidemment (s'il est facile de savoir ce qu'est un divorce ou une séparation de corps, certaines précisions sur les conséquences ne sont souvent pas inutiles, même si elles paraissent évidentes à des juristes...) ;

— ensuite, statuer sur les conséquences du divorce, dans des termes qui sont communs à toutes les formes de divorce autres que conventionnels (art. 266 et suivants).

31. Double phase. — Tel qu'il est rédigé, l'alinéa 2 de l'article 234 pourrait laisser penser que le juge statue par une seule et même décision. Il est pourtant évident que le plus souvent (en dehors du cas où l'accord ne surviendra qu'au cours d'une autre procédure par des conclusions concordantes), il y aura deux phases successives : la première portant sur le constat de l'accord de principe (généralement lors de la tentative de conciliation), puis la seconde permettant un débat sur les conséquences. C'est pourquoi l'avant-projet de décret précise que le juge conciliateur, ayant constaté l'accord, *« renvoie alors les époux à introduire l'instance pour qu'il prononce le divorce et statue sur ses effets, la cause du divorce demeurant acquise »* (art. 1123).

Les choses sont ainsi clarifiées par rapport à l'irritant débat qu'avait causé une certaine contradiction entre la loi et le décret dans le régime de 1975 : même si le juge est amené à procéder en deux temps, d'abord dans l'ordonnance de non-conciliation pour constater l'accord puis dans le jugement après assignation pour décider des effets, le divorce est prononcé et ses conséquences réglées par une seule et même décision, rendue à l'issue de cette seconde phase. Jusqu'alors, même si la *« cause du divorce »* est *« acquise »* (sauf appel de l'ordonnance), les époux sont encore mariés avec toutes les conséquences qui s'y attachent (devoir de secours et vocation successorale notamment).

Art. 235 et 236
Abrogés, non remplacés.

Section 3

Du divorce pour altération définitive du lien conjugal

Art. 237

Le divorce peut être demandé par l'un des époux lorsque le lien conjugal est définitivement altéré.

32. Véritable innovation. — Se présentant sous la forme d'une rénovation du divorce pour rupture de la vie commune, ce divorce nouvellement intitulé *« pour altération du lien conjugal »* (intitulé expressif plus qu'exact, car le *« lien conjugal »* n'est pas une notion affective, mais un concept juridique dont on perçoit mal qu'il soit *« altéré »*), est en réalité une très profonde transformation, qui fait une véritable place à un *« droit au divorce »* ouvrant une réelle porte de sortie à un conjoint qui n'a ni l'accord de l'autre, ni la possibilité (ou le désir) d'établir ses fautes.

Ce *« droit de cité »* donné à une forme de divorce qui peut résulter de la décision d'un seul est traduit par les deux modifications majeures qui le détachent du divorce pour rupture dont il est issu :

— d'une part, une réduction drastique de l'ancien délai de six ans, ramené à deux ans ;

— d'autre part, son insertion dans le droit commun quant aux effets qu'il produit, cessant d'en faire une sorte de divorce honteux véritablement *« acheté »* par le demandeur au prix de toutes les charges.

Art. 238

L'altération définitive du lien conjugal résulte de la cessation de la communauté de vie entre les époux, lorsqu'ils vivent séparés depuis deux ans lors de l'assignation en divorce.

Nonobstant ces dispositions, le divorce est prononcé pour altération définitive du lien conjugal dans le cas prévu au second alinéa de l'article 246, dès lors que la demande présentée sur ce fondement est formée à titre reconventionnel.

33. Cessation de la communauté de vie. — Cette notion était explicitée par le projet initial qui précisait *« tant affective que matérielle »*. Mais cette précision introduisait des ambiguïtés débouchant sur une restriction : la séparation matérielle risquait d'être rendue inefficace faute d'établir qu'elle s'accompagnait d'une séparation affective, preuve à l'objet incertain et subjectif (tant il est vrai que les ruptures se font souvent par étapes).

En visant simplement la cessation de la communauté de vie, de surcroît expliquée aussitôt par la *« vie séparée »* des époux, la rédaction finale est claire : c'est la fin de la cohabitation qui est concernée.

Certes, il est des époux qui vivent parfaitement sans cohabiter. Tant que cela leur convient, il n'y a pas de problème. Mais si l'un d'entre eux ne s'en accommode plus, cette situation lui permet de demander le divorce. Sous la seule réserve peut-être du cas des époux n'ayant jamais cohabité, hypothèse où manquera la *« cessation »*.

Cette cessation doit-elle être volontaire ? Connaissant le débat qui avait eu lieu sur ce point quant au divorce antérieur pour rupture de la vie commune, que la Cour de cassation avait justement résolu en prenant en compte le seul fait de la séparation et non ses circonstances initiales (1), le législateur l'aurait certainement précisé s'il avait entendu réintroduire un tel élément.

Peu importe donc que la cessation soit intervenue d'un commun accord, par la volonté d'un seul ou même contre le gré des deux, c'est son existence même qui est seule décisive.

1. Civ. 2e, 30 janvier 1980, *Bull.* II n° 17 — 25 janvier 1984, *Bull.* II n° 12.

Cet élément explique la suppression du divorce pour **altération des facultés mentales** de l'ancien article 238 qui faisait d'ailleurs déjà référence, dans sa définition même, à la disparition de toute « *communauté de vie* ».

34. Durée de deux ans. — En précisant que les deux années de séparation doivent exister « *lors de l'assignation* », le texte permet de présenter la requête initiale avant même l'expiration de ce délai.

Et comme la durée de validité des mesures provisoires prises par l'ordonnance de non-conciliation sera portée de six à trente mois par le nouvel article 1113 du nouveau Code de procédure civile, il sera possible en réalité de présenter une requête dès la séparation afin d'obtenir, au bénéfice des mesures provisoires, une organisation matérielle de la vie de la famille durant les deux ans nécessaires à la délivrance de l'assignation sur ce fondement.

En outre, l'exigence du délai de deux ans est levée par l'alinéa 2 dans un cas très particulier : celui où la demande pour altération est présentée reconventionnellement à une demande pour faute qui est rejetée (cf. *infra* n° 42).

Art. 239
Abrogé, non remplacé.

35. Suppression des charges au demandeur. — Le principe de pénalisation du demandeur, qui avait grandement contribué à marginaliser (moins de 1 %) le divorce pour rupture de la vie commune est supprimé. N'en demeurera peut-être (d'après l'avant-projet de décret) que la charge de principe des dépens (art. 1127 du nouveau Code de procédure civile).

Art. 240
Abrogé, non remplacé.

36. Suppression de la ***« clause de dureté »*. —** Marque du compromis établi en 1975 pour ménager les époux qui avaient cru avoir un droit à rester perpétuellement mariés même contre le gré de leur conjoint, cette exception — tombée peu à peu en désuétude — est supprimée, ce qui contribue à faire du divorce pour altération du divorce tout aussi *« légitime »* que les autres.

Art. 241

Abrogé, non remplacé.

Section 4

Du divorce pour faute

Art. 242

Le divorce peut être demandé par l'un des époux lorsque des faits constitutifs d'une violation grave ou renouvelée des devoirs et obligations du mariage sont imputables à son conjoint et rendent intolérable le maintien de la vie commune.

37. Maintien du divorce pour faute. — C'était l'un des axes majeurs du débat : maintenir le divorce *« sanction »* destiné à désigner le *« coupable »* d'un échec au tréfonds nécessairement commun, ou apurer le débat de cette recherche malsaine pour le concentrer sur l'organisation positive de l'avenir, comme le faisait le texte voté à l'Assemblée Nationale sous la précédente législature.

On sait le choix effectué : quoi que l'ont ait pu faire valoir avant, la loi votée est là et doit être prise et respectée telle quelle.

Il faut d'ailleurs lui rendre cet hommage que, tout en maintenant cette forme de divorce, elle lui a retiré l'essentiel de son venin en supprimant les pénalités attachées aux torts exclusifs, comme la déchéance des donations et avantages matrimoniaux ou la perte du droit à prestation compensatoire.

L'article 242, définissant les conditions du divorce pour faute, n'a été retouché que dans l'ordre des mots : a été reprise la fameuse *« double condition »* dont la Cour de cassation assure un respect purement formel (un instant supprimée au cours des travaux parlementaires, l'alternative *« ou renouvelée »* a vite été rétablie).

L'ensemble de la jurisprudence antérieure demeurera donc d'actualité (sauf à souhaiter peut-être que l'on absolve enfin les *« fautes »* commises durant la procédure, en particulier les *« infidélités »* postérieures à l'ordonnance de non-conciliation, qui ne sont guère à l'origine de la rupture).

Art. 243

Abrogé, non remplacé.

38. Suppression de la dernière cause « ***péremptoire*** ». — Est supprimée la place spéciale faite à certaines condamnations pénales de l'un des époux : ce cas rejoint le droit commun, certains délinquants pouvant être bons époux.

Art. 244

La réconciliation des époux intervenue depuis les faits allégués empêche de les invoquer comme cause de divorce.

Le juge déclare alors la demande irrecevable. Une nouvelle demande peut cependant être formée en raison de faits survenus ou découverts depuis la réconciliation, les faits anciens pouvant alors être rappelés à l'appui de cette nouvelle demande.

Le maintien ou la reprise temporaire de la vie commune ne sont pas considérés comme une réconciliation s'ils ne résultent que de la nécessité ou d'un effort de conciliation ou des besoins de l'éducation des enfants.

39. Exception de réconciliation maintenue. — Le texte est maintenu sans changement et n'appelle aucun commentaire.

Art. 245

Les fautes de l'époux qui a pris l'initiative du divorce n'empêchent pas d'examiner sa demande ; elles peuvent, cependant, enlever aux faits qu'il reproche à son conjoint le caractère de gravité qui en aurait fait une cause de divorce.

Ces fautes peuvent aussi être invoquées par l'autre époux à l'appui d'une demande reconventionnelle en divorce. Si les deux demandes sont accueillies, le divorce est prononcé aux torts partagés.

Même en l'absence de demande reconventionnelle, le divorce peut être prononcé aux torts partagés des deux époux si les débats font apparaître des torts à la charge de l'un et de l'autre.

40. Maintien du régime des excuses et des torts partagés. — Même observation que pour la renonciation.

Art. 245-1

À la demande des conjoints, le juge peut se limiter à constater dans les motifs du jugement qu'il existe des faits constituant une cause de divorce, sans avoir à énoncer les torts et les griefs des parties.

41. Maintien de la demande de jugement non motivé. — Simple déplacement de l'ancien article 248-1, ce texte n'appelle d'autre observation que celle-ci : la simplification du divorce accepté devrait tarir cette hypothèse, qui conduisait à rendre irrecevables la plupart des recours — raison pour laquelle il a été jugé inapplicable lorsqu'un des époux est sous un régime d'incapacité (2).

Art. 246

Si une demande pour altération définitive du lien conjugal et une demande pour faute sont concurremment présentées, le juge examine en premier lieu la demande pour faute.

S'il rejette celle-ci, le juge statue sur la demande en divorce pour altération définitive du lien conjugal.

42. Priorité de la faute sur l'altération. — Par une sorte de transposition de l'ancien article 241 alinéa 2 (qui permettait au défendeur pour rupture de la vie commune de faire prévaloir sa demande reconventionnelle pour faute), l'article 246 impose au juge saisi de deux demandes réciproques, l'une pour faute et l'autre pour altération, de statuer prioritairement sur la faute : ce n'est que s'il l'écarte qu'il statuera sur la demande pour altération.

---

2. Civ. 2e, 14 décembre 2000, *RJPF* 2001 2 29.

Ce texte peu heureux (puisque de toutes façons le divorce sera prononcé) ne distingue pas selon l'ordre des demandes, principale et reconventionnelle.

Il doit être articulé avec deux autres textes :

— l'article 247-2 qui autorise le demandeur pour altération à invoquer les fautes de son conjoint pour rétorquer à la demande adverse pour faute ;

— l'article 238 alinéa 2 qui lève l'exigence du délai de deux ans lorsque le juge, après avoir écarté la faute, examine la demande pour altération (cf. *supra* n° 31).

Section 5

Des modifications du fondement de la demande en divorce

Art. 247

Les époux peuvent, à tout moment de la procédure, demander au juge de constater leur accord pour voir prononcer leur divorce par consentement mutuel en lui présentant une convention réglant les conséquences de celui-ci.

43. Passerelle vers le divorce par consentement mutuel. — Comme le faisaient les anciens articles 246 du Code civil et 1077 du nouveau Code de procédure civile, le nouvel article 247 autorise les époux à passer à tout moment d'une autre procédure à celle du consentement mutuel.

Mais la suppression du délai de réflexion et de la double comparution facilite cette « *passerelle* » : il suffit de présenter au juge la convention dans les conditions de l'article 230. Naturellement, le juge devra recevoir de nouveau les époux pour procéder à l'appréciation des critères de l'article 232 (consentement libre et éclairé ; sauvegarde suffisante des intérêts : cf. *supra* n° 28).

Art. 247-1

Les époux peuvent également, à tout moment de la procédure, lorsque le divorce aura été demandé pour altération définitive du lien conjugal ou pour faute, demander au juge de constater leur accord pour voir prononcer le divorce pour acceptation du principe de la rupture du mariage.

44. Passerelle vers le divorce accepté. — Dans les mêmes conditions, les époux peuvent passer d'un divorce pour altération ou pour faute à un divorce accepté.

Cette nouvelle passerelle peut être empruntée *« à tout moment »*. Ce sera cependant nécessairement après l'assignation puisque jusqu'alors, la requête n'aura pas précisé le fondement de la demande (précision prohibée par le futur article 1106 du nouveau Code de procédure civile, cf. *infra* n° 60).

Comme dans la précédente passerelle, le juge devra recevoir de nouveau les époux pour s'assurer de leur consentement libre (art. 234). Mais il n'aura pas à les renvoyer à assigner puisque l'assignation aura déjà été délivrée. Et il pourra donc statuer par une même décision sur le divorce et sur ses conséquences.

Art. 247-2

Si, dans le cadre d'une instance introduite pour altération définitive du lien conjugal, le défendeur demande reconventionnellement le divorce pour faute, le demandeur peut invoquer les fautes de son conjoint pour modifier le fondement de sa demande.

45. Demande reconventionnelle pour faute. — Dans le cas où, sur demande principale pour altération, le défendeur forme une demande reconventionnelle pour faute, son conjoint pourra alors à son tour invoquer des griefs pour parvenir au moins à un divorce aux torts partagés. Ce texte abandonne la solution contraire de l'ancien article 241 alinéa 2 qui pénalisait le demandeur pour rupture de la vie commune en lui interdisant d'invoquer des fautes en défense à une demande reconventionnelle sur ce fondement.

CHAPITRE II

DE LA PROCÉDURE DU DIVORCE

Section 1

Dispositions générales

Art. 248

Les débats sur la cause, les conséquences du divorce et les mesures provisoires ne sont pas publics.

46. Non-publicité des débats. — Ce texte est inchangé et perpétue la dérogation faite en la matière au principe de la publicité énoncé aux articles 22 et 433 du nouveau Code de procédure civile.

On sait qu'en d'autres matières, l'application de l'article 6-1 de la Convention européenne des droits de l'homme a conduit à écarter des textes internes écartant la publicité (en particulier en matière disciplinaire). Il ne semble pas, bien que la question n'ait jamais été posée, que cette solution soit transposable au procès en divorce, tant sont justifiées les raisons excluant la publicité.

Cette non-publicité ne concerne d'ailleurs que les débats, et non le prononcé de la décision qui est rendue publiquement (art. 1074 du nouveau Code de procédure civile).

Art. 249

Si une demande en divorce doit être formée au nom d'un majeur en tutelle, elle est présentée par le tuteur, avec l'autorisation du conseil de famille s'il a été institué ou du juge des tutelles. Elle est formée après avis du médecin traitant et, dans la mesure du possible, après audition de l'intéressé, selon le cas, par le conseil de famille ou le juge.

Le majeur en curatelle exerce l'action lui-même avec l'assistance du curateur.

47. Demandeur en tutelle. — Maintenant l'exigence que le tuteur soit autorisé et n'agisse qu'après avis du médecin traitant, la nouvelle rédaction du texte apporte deux précisions :

— d'une part, en l'absence de conseil de famille, l'autorisation peut être demandée au juge des tutelles ;

— d'autre part, il est ajouté que cette autorisation doit être précédée, *« dans la mesure du possible »*, de l'audition du majeur lui-même par le conseil de famille ou le juge des tutelles.

48. Demandeur en curatelle. — Sans changement, l'alinéa 2 impose l'assistance du curateur. Si le curateur refuse son concours (art. 510 al. 2), une *« autorisation supplétive »* devra être demandée au juge des tutelles.

Art. 249-1

Si l'époux contre lequel la demande est formée est en tutelle, l'action est exercée contre le tuteur ; s'il est en curatelle, il se défend lui-même, avec l'assistance du curateur.

49. Défendeur en tutelle ou en curatelle. — Inchangé, le texte applique au défendeur les règles de la représentation s'il est en tutelle, de l'assistance, s'il est en curatelle.

Art. 249-2

Un tuteur ou un curateur spécial est nommé lorsque la tutelle ou la curatelle avait été confiée au conjoint de l'incapable.

50. Cas où le conjoint est tuteur ou curateur. — Reprise pure et simple du texte antérieur prévoyant alors la nomination d'un tuteur ou d'un curateur spécial (à la demande de l'intéressé ou sans doute des personnes visées à l'article 593).

Art. 249-3

Si l'un des époux se trouve placé sous la sauvegarde de justice, la demande en divorce ne peut être examinée qu'après organisation de la tutelle ou de la curatelle.

Toutefois, le juge peut prendre les mesures provisoires prévues aux articles 254 et 255 et les mesures urgentes prévues à l'article 257.

51. Époux sous sauvegarde de justice. — Si l'alinéa 1er est la pure reprise de l'ancien texte, l'alinéa 2 apporte une nouveauté en permettant que soient déjà prises les mesures urgentes de l'article 257 ou les mesures provisoires des articles 254 et suivants.

Cela implique que la requête initiale peut être délivrée par ou contre un conjoint sous sauvegarde et que le juge peut tenir l'audience de conciliation, mais à seule fin de l'organisation desdites mesures.

Art. 249-4

Lorsque l'un des époux se trouve placé sous l'un des régimes de protection prévus à l'article 490 ci-dessus, aucune demande en divorce par consentement mutuel ou pour acceptation du principe de la rupture du mariage ne peut être présentée.

52. Exclusion des divorces par consentement mutuel ou accepté en présence d'un conjoint incapable. — La loi ne fait que maintenir la règle antérieure, ces deux formes de divorce reposant sur le consentement des époux.

On peut s'interroger sur la **sanction** applicable au cas où, par erreur, un juge aurait cependant homologué une convention ou constaté l'accord des époux sur le principe du divorce.

Logiquement, la règle « *voies de nullité n'ont lieu contre les jugements* » prohibe toute action en nullité ultérieure : seule une voie de recours peut encore permettre d'anéantir le jugement (et on sait qu'elle est particulièrement restreinte dans le cas de divorce par consentement mutuel : cf. *infra*, n° 55).

Section 2

De la procédure applicable au divorce par consentement mutuel

Art. 250

La demande en divorce est présentée par les avocats respectifs des parties ou par un avocat choisi d'un commun accord.

Le juge examine la demande avec chacun des époux, puis les réunit. Il appelle ensuite le ou les avocats.

53. Requête initiale. — Ce texte n'est nouveau que dans sa place. Il est en réalité la reprise mot à mot, d'une part, de l'ancien article 230 alinéa 2 pour ce qui concerne l'alinéa 1er, d'autre part, de l'ancien article 231 alinéa 2 pour ce qui est de l'alinéa 2.

Ce qu'il exprime surtout, c'est que la possibilité d'un **avocat commun** aux deux époux est maintenue. Sans doute peut-on craindre qu'avec une seule comparution devant le juge, ce système s'avère encore plus dangereux qu'auparavant, dans la mesure où l'éventuelle imprévoyance ou partialité de cet avocat commun a encore moins de chances d'être décelée par le magistrat (les normes déontologiques restant souvent en la matière au stade du vœu théorique et pieux). Mais la pression sociologique en faveur du divorce au moindre coût était trop forte pour que Gouvernement et Parlement osent imposer l'avocat individuel.

Le contenu de la requête — ainsi que l'état liquidatif annexé, notarié en présence d'immeubles — sera détaillé aux articles 1090 et 1091 du nouveau Code de procédure civile.

54. Audience. — Saisi, le juge convoque les époux (à quinzaine au minimum, ce qui joue le rôle d'un « *mini* » délai de réflexion) ainsi que leur(s) avocat(s) (article 1092 du nouveau Code de procédure civile). Le cours de l'audience suit les mêmes phases qu'une tentative de conciliation : audition séparée de chacun des époux, puis commune, puis enfin entrée du ou des avocats.

Art. 250-1

Lorsque les conditions prévues à l'article 232 sont réunies, le juge homologue la convention réglant les conséquences du divorce et, par la même décision, prononce celui-ci.

55. Cas d'homologation. — S'il estime que sont satisfaits les deux critères énoncés à l'article 232 (cf. *supra* n° 28), le juge homologue la convention et prononce le divorce, après avoir éventuellement obtenu l'accord des époux pour la suppression ou la modification des dispositions contraires à l'intérêt des époux ou des enfants (art. 1099 du nouveau Code de procédure civile).

Cette décision, relevant de la juridiction gracieuse (nouveau Code de procédure civile, art. 1088), n'est susceptible que d'un **pourvoi en cassation**, dans le délai exceptionnellement bref de quinze jours à compter de sa date (nouveau Code de procédure civile, art. 1103). Ce délai étant suspensif, le mariage ne sera dissous qu'à son expiration (ou à la date de la décision de la Cour de cassation si un pourvoi est effectivement formé).

Art. 250-2

En cas de refus d'homologation de la convention, le juge peut cependant homologuer les mesures provisoires au sens des articles 254 et 255 que les parties s'accordent à prendre jusqu'à la date à laquelle le jugement de divorce passe en force de chose jugée, sous réserve qu'elles soient conformes à l'intérêt du ou des enfants.

Une nouvelle convention peut alors être présentée par les époux dans un délai maximum de six mois.

56. Refus d'homologation. — N'est pas précisée la forme que prend ce refus : il faut en déduire, par application du droit commun, que la décision de refus doit être motivée.

Elle est d'ailleurs, contrairement à la décision qui accueille la demande, susceptible des voies de recours de droit commun : appel (dans le délai réduit de quinze jours : art. 1102 nouveau Code de procédure civile), puis pourvoi en cassation contre l'arrêt (dans le délai de quinzaine de l'article 1103 si cet arrêt infirme le jugement de refus et homologue la convention, mais dans les deux mois du droit commun, faute de toute disposition contraire, si l'arrêt confirme le refus du juge aux affaires familiales).

57. Mesures provisoires. — La décision peut s'accompagner de mesures provisoires *« que les parties s'accordent à prendre jusqu'à la date à laquelle le jugement de divorce passe en force de chose jugée »*.

Disposition qui soulève deux interrogations.

— D'abord, ces mesures ne sont pas librement décidées par le juge comme lors des audiences de non-conciliation : elles doivent faire l'objet d'un **accord des époux**, le juge ayant pour seul rôle de contrôler qu'elles sont conformes à l'intérêt des enfants.

Est-ce à dire qu'en pratique, les époux devront préparer systématiquement une convention temporaire dans la crainte d'un refus du divorce (1) ? Ce serait imposer une grande dépense d'énergie, en pure perte et à fonds perdus dans l'immense majorité des cas où le juge accueillera la demande. En réalité, le juge pourra recueillir lors de l'audience l'accord des époux et le consigner dans sa décision, aucune disposition n'interdisant que cet accord soit verbal. Et s'il s'avère qu'il faut un peu de temps, rien n'interdit au juge de surseoir à statuer pendant les quelques jours nécessaires.

— Ensuite, sur la **durée** de ces mesures, le texte est quelque peu énigmatique en déclarant qu'elles auraient efficacité *« jusqu'à la date à laquelle le jugement de divorce passe en force de chose jugée »*, alors que précisément, le refus exclut tout jugement de divorce ! En réalité, il est probable que ces mesures provisoires ont vocation à s'appliquer pendant le seul délai de six mois donné aux époux pour présenter une nouvelle convention.

---

1. En ce cens : Lemouland, *D.* 2004 p. 1827, 2e colonne.

58. Délai de renouvellement. — L'alinéa 2 autorise les époux à présenter une nouvelle convention *« dans un délai maximum de six mois »* (délai suspendu en cas d'appel du jugement de refus : art. 1101 du nouveau Code de procédure civile).

À la vérité, la portée de cette disposition n'apparaît pas clairement. Car, même après ces six mois, on ne voit pas ce qui interdirait aux époux de présenter une nouvelle requête : la voie du divorce par consentement mutuel ne leur est évidemment pas fermée définitivement ! On peut même se demander s'ils seraient irrecevables à présenter une nouvelle fois la même convention, car la notion d'autorité de chose jugée n'a guère de place en matière gracieuse.

La portée du délai de six mois semble donc se réduire à la durée d'effet des mesures provisoires accompagnant éventuellement la décision de refus, ce que paraît indiquer la *« caducité »* évoquée par l'article suivant.

Art. 250-3

À défaut de présentation d'une nouvelle convention dans le délai fixé à l'article 250-2 ou si le juge refuse une nouvelle fois l'homologation, la demande en divorce est caduque.

59. Caducité de la demande. — Comme on vient de le voir, cette caducité est de portée limitée : comme elle ne fait pas obstacle à une nouvelle demande ultérieure, sa portée semble se limiter à la caducité des éventuelles mesures provisoires sur lesquelles les époux se seraient accordés.

Section 3

De la procédure applicable aux autres cas de divorce

§ 1. De la requête initiale

Art. 251
L'époux qui forme une demande en divorce présente, par avocat, une requête au juge, sans indiquer les motifs du divorce.

60. Motivation interdite. — En énonçant que la requête est présentée « sans indiquer les motifs du divorce », le texte n'édicte pas une simple dispense, mais une interdiction délibérée : il s'agit de ne rien préjuger de l'évolution ultérieure de la procédure en laissant la porte ouverte à tous les cas de divorce. C'est pourquoi l'avant-projet de décret est beaucoup plus explicite en disposant que « la requête initiale n'indique ni le fondement juridique de la demande en divorce, ni les faits à l'origine de celle-ci », pour limiter son objet aux « mesures provisoires et un exposé sommaire de leurs motifs » (art. 1106).

Cette disposition est très importante en ce qu'elle traduit la nouvelle philosophie donnée à la tentative de conciliation, qui ne vise plus tant à réconcilier les époux qu'à les amener à envisager ensemble de façon constructive l'organisation du divorce et de ses conséquences (cf. *infra* art. 252 alinéa 2).

Il est donc important que le débat lors de cette tentative ne soit pas « plombé » d'emblée par l'articulation d'éléments de fait qui prendront nécessairement la tonalité de griefs, afin de préserver au maximum les chances de parvenir à un divorce accepté, sinon même à un divorce par consentement mutuel au moyen de la « passerelle » de l'article 247.

§ 2. De la conciliation

Art. 252

Une tentative de conciliation est obligatoire avant l'instance judiciaire. Elle peut être renouvelée pendant l'instance.

Le juge cherche à concilier les époux tant sur le principe du divorce que sur ses conséquences.

61. Objet de la tentative de conciliation. — Remplaçant l'ancien article 251, ce texte renouvelle la définition de l'esprit de la tentative de conciliation, désormais commune à toutes les formes de divorces autres que par consentement mutuel (puisque la requête ne précise pas la voie que le demandeur envisage de choisir : cf. *supra* n° 60).

Le juge peut certes encore tenter d'amener le demandeur à renoncer (cf. art. 252-3). Mais, en visant une conciliation sur « le principe du divorce », le texte envisage tout autant un accord pour ne pas divorcer que l'éventuelle acceptation du « principe de la rupture du mariage » de l'article 233, sur laquelle peut déboucher l'audience de conciliation (sous la seule réserve qu'il faut alors que les deux époux soient chacun assistés par un avocat : cf. *infra,* art. 253).

Et surtout, le juge est chargé d'inviter les époux à engager d'ores et déjà une discussion sur les conséquences du divorce, dans l'espoir de pouvoir préparer soit un accord d'ensemble permettant de passer à un divorce par consentement mutuel par la voie de l'article 247, soit des accords partiels qui pourront être soumis à l'homologation et circonscrire le champ restant au contentieux, dans les termes de l'article 268.

Art. 252-1

Lorsque le juge cherche à concilier les époux, il doit s'entretenir personnellement avec chacun d'eux séparément avant de les réunir en sa présence.

Les avocats sont ensuite appelés à assister et à participer à l'entretien.

Dans les cas où l'époux qui n'a pas formé la demande ne se présente pas à l'audience ou se trouve hors d'état de manifester sa volonté, le juge s'entretien avec l'autre conjoint et l'invite à la réflexion.

62. Déroulement de l'audience. — Reprise pure et simple de l'ancien article 252, sous réserve d'une très légère modification : ce n'est plus seulement « si les époux le demandent » que les avocats sont appelés à rejoindre l'entretien.

Le défendeur n'est pas tenu de constituer avocat : il peut se présenter seul (ce qui exclut seulement alors le constat d'un divorce accepté : article 253). Il peut même ne pas se présenter du tout : cette absence ne fait obstacle ni à l'entretien du juge avec le demandeur, ni à son pouvoir de rendre une ordonnance. Mais le juge peut aussi alors recourir aux suspensions prévues par l'article suivant.

Art. 252-2

La tentative de conciliation peut être suspendue et reprise sans formalité, en ménageant aux époux des temps de réflexion dans une limite de huit jours.

Si un plus long délai paraît utile, le juge peut décider de suspendre la procédure et de recourir à une nouvelle tentative de conciliation dans les six mois au plus. Il ordonne, s'il y a lieu, les mesures provisoires nécessaires.

63. Suspension de l'audience. — L'audience elle-même peut être décidée pour un maximum de huit jours pour permettre aux époux de réfléchir aux voies qui auront été envisagées (*ex* art. 252-1, inchangé). En particulier, s'il est apparu qu'une acceptation du principe du divorce est possible, cette suspension permettra que le second conjoint non assisté fasse intervenir un avocat, pour lever l'obstacle de l'article 253 au constat d'un divorce accepté selon l'article 233.

64. Suspension de la procédure. — D'un maximum de six mois, cette suspension peut s'accompagner de l'organisation de mesures provisoires jusqu'à la tenue de la nouvelle tentative de conciliation.

Il faut considérer sans doute que ces mesures seront caduques si aucun des deux époux ne fait diligence en vue de cette nouvelle tentative de conciliation.

Art. 252-3

Lorsque le juge constate que le demandeur maintien sa demande, il incite les époux à régler les conséquences du divorce à l'amiable.

Il leur demande de présenter pour l'audience de jugement un projet de règlement des effets du divorce. À cet effet, il peut prendre les mesures provisoires prévues à l'article 255.

65. Préparation d'un accord sur les effets. — Réécriture de l'ancien article 252-2, ce texte s'enrichit d'une référence aux nouvelles mesures provisoires qui ont été ajoutées à l'article 255 : il s'agit des mesures de médiation (1° et 2°), de la désignation d'un professionnel qualifié pour dresser un inventaire estimatif et faire des propositions de règlement (9°) et de la désignation d'un notaire pour préparer un projet de liquidation du régime matrimonial (10°). Toutes ces mesures peuvent aider les époux à être en mesure, lors de l'audience de jugement, de présenter un « projet de règlement des effets de leur divorce » qui permettra soit de passer à un divorce par consentement mutuel, soit à tout le moins d'établir des accords partiels homologables selon l'article 268. Elles avancent en toute occurrence la préparation de la proposition dont le demandeur devra ensuite assortir son assignation (cf. *infra,* art. 257-2).

Art. 252-4

Ce qui a été dit ou écrit à l'occasion d'une tentative de conciliation, sous quelque forme qu'elle ait eu lieu, ne pourra pas être invoqué pour ou contre un époux ou un tiers dans la suite de la procédure.

66. Confidentialité. — L'ancien article 252-3 assurant cette confidentialité est seulement déplacé, sans changement.

Art. 253

Les époux ne peuvent accepter le principe de la rupture du mariage et le prononcé du divorce sur le fondement de l'article 233 que s'ils sont chacun assistés par un avocat.

67. Nécessité de deux avocats pour constater un divorce accepté. — Cette mesure confirme que le juge peut, dès la tentative de conciliation, constater l'accord des époux sur le principe de leur divorce dans les termes de l'article 233.

Si l'un des époux est seul, une suspension de l'audience selon l'article 252-2 lui permettra de faire intervenir cet avocat (cf. *supra* n° 63).

§ 3. Des mesures provisoires

Art. 254

Lors de l'audience prévue à l'article 252, le juge prescrit, en considération des accords éventuels des époux, les mesures nécessaires pour assurer leur existence et celle des enfants jusqu'à la date à laquelle le jugement passe en force de chose jugée.

68. Décision sur les mesures provisoires. — L'article 254 ancien est à peine modifié, par la précision que le juge prend « en considération (les) accords éventuels des époux », sans être évidemment lié par ces accords.

Il peut s'agir aussi bien des accords antérieurs, au moyen desquels les époux avaient eux-mêmes pu organiser leur vie séparée avant toute action en divorce, que des accords présents que les époux expriment au juge lors de l'audience de conciliation.

69. Voies de recours. — Cette décision sur les mesures provisoires peut être frappée d'appel dans les 15 jours (art. 1112 et 1119 nouveau Code de procédure civile) mais reste exécutoire de droit à titre provisoire (art. 1074-1 nouveau Code de procédure civile).

70. Modifications. — Les mesures provisoires peuvent être modifiées en cas de survenance d'un fait nouveau (art. 1118, nouveau Code de procédure civile) par le juge aux affaires familiales (art. 1118, nouveau Code de procédure civile).

Cette compétence est toutefois transférée au conseiller de la mise en état ou au Premier Président s'il n'est pas encore désigné dans le cas d'appel de l'ordonnance de non-conciliation (art. 1119 al. 2, nouveau Code de procédure civile) ainsi que dans l'hypothèse où le jugement de divorce lui-même est frappé d'appel (art. 1083).

Après dessaisissement de la Cour d'appel et tant que le divorce n'est pas définitif en raison d'un pourvoi, les mesures provisoires sont en principe remplacées par les mesures « accessoires » de la décision de divorce, du moins pour celles qui ne sont pas affectées par l'effet suspensif du pourvoi. Mais pour la pension alimentaire due au titre du devoir de secours, qui perdure pendant l'instance en cassation, sa modification, semble-t-il, relève du juge aux affaires familiales (art. 1084, nouveau Code de procédure civile).

71. Durée des mesures provisoires. — On sait que cette question est, en cas de voies de recours contre la décision qui prononce le divorce, une source de complexité extrême. Une distinction s'impose entre les mesures qui sont dans la dépendance de la dissolution du mariage et celles qui ne le sont pas.

— **Les mesures qui sont liées à l'existence du mariage** dureront en principe tant que celui-ci ne sera pas dissous (sur la date de cette dissolution, cf. *infra* art. 260).

Cela concerne au premier chef la pension alimentaire fixée au titre du devoir de secours. Mais pas seulement : on doit y comprendre aussi celles qui concernent la résidence des époux (art 255-3°), la jouissance du logement et du mobilier et d'autres biens communs (art. 255-4° et 8°), la charge du règlement provisoire des dettes (art. 255-6°), les avances sur liquidation (art. 255-7°).

En effet, tant que le mariage n'est pas dissous, le régime matrimonial ne l'est pas non plus (même si cette dissolution doit ensuite rétroagir au jour de l'assignation, voire plus tôt : cf. *infra* art. 262-1).

Toutes ces mesures resteront donc en vigueur même après le jugement prononçant le divorce s'il fait l'objet d'un **appel** non expressément limité aux effets du divorce.

En cas de **pourvoi**, la situation se complique encore du fait de la rédaction de l'actuel article 1122 du nouveau Code de procédure civile que l'avant-projet de décret ne semble pas envisager de modifier du point de vue qui nous occupe (futur art. 1087). En effet, en exceptant de l'effet suspensif du pourvoi les dispositions relatives non seulement aux obligations alimentaires et à l'exercice de l'autorité parentale, mais encore celles qui concernent « la jouissance du logement et du mobilier », ce texte semble à première vue mettre fin dès l'arrêt d'appel aux mesures provisoires correspondantes. À première vue seulement : car il s'agit du pourvoi contre la décision de divorce elle-même, laquelle ne prend pas de mesure relative à cette jouissance. Il faut donc considérer que les mesures décidées à cet égard par l'ordonnance demeurent en vigueur.

— **Les autres mesures provisoires**, c'est-à-dire, en définitive, celles qui concernent les enfants (art. 256) ou le devoir de secours en cas d'instance en séparation de corps, cesseront dès la décision prononçant le divorce (ou la séparation de corps) puisque les dispositions de cette décision seront exécutoires nonobstant appel (art. 1074-1, nouveau Code de procédure civile) ou pourvoi (art. 1087).

72. Caducité des mesures provisoires. — L'avant-projet de décret porte à 30 mois le délai au-delà duquel les mesures provisoires deviennent caduques faute d'assignation, tout en précisant que cette caducité peut intervenir plus tôt en cas de renonciation des époux (art. 1113).

Art. 255

Le juge peut notamment :

1° Proposer aux époux une mesure de médiation et, après avoir recueilli leur accord, désigner un médiateur familial pour y procéder ;

2° Enjoindre aux époux de rencontrer un médiateur familial qui les informera sur l'objet et le déroulement de la médiation ;

3° Statuer sur les modalités de la résidence séparée des époux ;

4° Attribuer à l'un d'eux la jouissance du logement et du mobilier du ménage ou partager entre eux cette jouissance, en précisant son caractère gratuit ou non et, le cas échéant, en constatant l'accord des époux sur le montant d'une indemnité d'occupation ;

5° Ordonner la remise des vêtements et objets personnels ;

6° Fixer la pension alimentaire et la provision pour frais d'instance que l'un des époux devra verser à son conjoint, désigner celui ou ceux des époux qui devront assurer le règlement provisoire de tout ou partie des dettes ;

7° Accorder à l'un des époux des provisions à valoir sur ses droits dans la liquidation du régime matrimonial si la situation le rend nécessaire ;

8° Statuer sur l'attribution de la jouissance ou de la gestion des biens communs ou indivis autres que ceux visés au 4°, sous réserve des droits de chacun des époux dans la liquidation du régime matrimonial ;

9° Désigner tout professionnel qualifié en vue de dresser un inventaire estimatif ou de faire des propositions quant au règlement des intérêts pécuniaires des époux ;

10° Désigner un notaire en vue d'élaborer un projet de liquidation du régime matrimonial et de formation des lots à partager.

73. Diversité des mesures provisoires. — La liste des mesures indiquées à l'article 255, qui n'est pas exhaustive (*« notamment »*), est considérablement enrichie et précisée.

Les innovations majeures portent sur quatre points.

74. Médiation. — Le texte introduit d'abord l'organisation d'une **médiation**, pouvant faire l'objet d'une simple proposition

(1°) ou d'une véritable injonction quant à la première rencontre (2°) sans que la sanction d'un refus soit précisée.

75. Jouissance du logement et indemnité d'occupation. — La loi impose au juge désormais d'indiquer le caractère gratuit ou onéreux de la **jouissance du logement** et du mobilier. Cette mesure s'avérera très importante au moment des opérations ultérieures de liquidation au cours desquelles le conjoint ayant eu cette jouissance se découvre souvent (2) une dette rétroactive importante (s'il l'avait connue à l'avance, peut-être n'aurait-il pas demandé ou poursuivi cette jouissance).

Toutefois, la loi ne va pas jusqu'au bout de sa logique dans le cas de jouissance décidée à titre onéreux : elle ne permet au juge que de constater un éventuel accord des époux sur le montant de l'indemnité d'occupation, mais non de fixer lui-même ce montant. De sorte que l'époux bénéficiaire ne sait pas à l'avance ce qu'il lui en coûtera en définitive, lors de la liquidation, d'avoir profité de la jouissance du logement.

Par cohérence, il faut admettre que la décision figurant à cet égard dans l'ordonnance de non-conciliation s'imposera par la suite au juge de la liquidation.

Mais, figurant parmi les mesures provisoires, elle est à tout moment modifiable au cours de l'instance, soit dans le sens du passage d'une jouissance gratuite à une jouissance onéreuse, soit dans le sens inverse.

En toute occurrence, sa durée d'efficacité se limite à la durée de l'instance : une fois celle-ci éteinte, la jouissance donnera nécessairement lieu à une indemnité d'occupation, le juge n'ayant pas le pouvoir d'en décider autrement (3).

76. Gestion des autres biens et règlement des dettes. — Opportunément, le juge reçoit le pouvoir d'organiser à titre provisoire une préfiguration de l'indivision post-communautaire en :

---

2. D'autant plus souvent que la Cour de cassation maintient une présomption d'onérosité envers et contre tout : Civ. 1re, 3 février 2004, *Bull.* I n° 37.

3. Civ. 2e, 6 juin 2002, *JCP* 2002. IV. 2278.

— attribuant à l'un des époux la jouissance des biens communs ou indivis autres que le logement ; cette jouissance, non liée à l'exécution du devoir de secours, sera nécessairement à titre onéreux et donnera lieu plus tard à une indemnité fixée selon l'article 815-9 du Code civil ;

— confiant à l'un des époux la gestion de certains biens, gestion qui donnera lieu lors de la liquidation ultérieure aux comptes de l'article 815-12 (reddition des revenus ; indemnisation de l'activité) ;

— désignant celui qui devra assurer le règlement « *provisoire* » de tout ou partie des dettes (en pratique, le plus souvent, des remboursements d'emprunts) ; ces règlements ne resteront pas à sa charge définitive et viendront plus tard à son crédit dans les comptes de la liquidation ; naturellement, cette désignation ne peut pas s'imposer aux tiers et n'empêche donc pas un créancier impayé de poursuivre l'autre conjoint (du moins y aura-t-il là un fait nouveau permettant à ce dernier de revenir devant le juge aux affaires familiales).

77. Désignation de professionnels. — Le juge conciliateur peut désormais désigner d'ores et déjà professionnels et notaire en vue d'établir un inventaire et un projet de liquidation du régime matrimonial. Cette importante innovation permettra :

— un éventuel passage à un divorce par consentement mutuel exigeant une convention établie ;

— l'élaboration d'accords partiels à soumettre à l'homologation du juge prononçant le divorce (art. 268) ;

— la possibilité de cerner des points de difficultés et de demander au juge du divorce de les trancher dès le jugement prononçant le divorce (cf. *infra* art. 267) ;

— d'avancer en toute occurrence le processus de liquidation pour tenter d'être en mesure de respecter le délai d'un an souhaité par l'article 267-1.

Art. 256

Les mesures provisoires relatives aux enfants sont réglées selon les dispositions du chapitre Ier du titre IX du présent livre.

78. Simple renvoi. — Reprise du renvoi instauré par la loi du 4 mars 2002 ayant voulu symboliser la distinction à faire entre les rapports des époux et ceux que chacun entretient avec les enfants, tout en uniformisant à cet égard la situation des enfants sans distinguer selon que leurs parents sont mariés ou non.

Art. 257

Le juge peut prendre, dès la requête initiale, des mesures d'urgence.

Il peut, à ce titre, autoriser l'époux demandeur à résider séparément, s'il y a lieu avec ses enfants mineurs.

Il peut aussi, pour la garantie des droits d'un époux, ordonner toutes mesures conservatoires telles que l'apposition de scellés sur les biens communs. Les dispositions de l'article 220-1 et les autres sauvegardes instituées par le régime matrimonial demeurent cependant applicables.

79. Mesures d'urgence dès la requête. — Le texte est inchangé, mais la référence qu'il contient à l'article 220-1 a pris plus de poids du fait que ce dernier s'est enrichi des dispositions relatives à l'éviction du conjoint violent.

§ 4. De l'introduction de l'instance en divorce

Art. 257-1

Après l'ordonnance de non-conciliation, un époux peut introduire l'instance ou former une demande reconventionnelle pour acceptation du principe de la rupture du mariage, pour altération définitive du lien conjugal ou pour faute.

Toutefois, lorsqu'à l'audience de conciliation les époux ont déclaré accepter le principe de la rupture du mariage et le prononcé du divorce sur le fondement de l'article 233, l'instance ne peut être engagée que sur ce même fondement.

80. Assignation. — C'est dans cette assignation que le demandeur choisira la forme de divorce dont il entend saisir le juge (hormis le cas où l'accord sur le principe du divorce aura été constaté dans l'ordonnance et où la forme sera ainsi fixée).

L'avant-projet de décret (art. 1077) lui impose de ne choisir qu'une voie et lui interdit de former à titre subsidiaire une demande sur un autre cas, tout comme de changer de cas en cours de procédure, sous la réserve des passerelles des articles 247 à 247-2 (cf. *supra*).

Par une rigidité peu heureuse, il ne permet, pendant les trois premiers mois, qu'au seul demandeur à la requête initiale de délivrer assignation (art. 1113). Mais il porte à trente mois le délai total de validité des mesures provisoires, ce qui permet à n'importe lequel des époux de former une demande pour altération sur le fondement de la séparation intervenue après l'ordonnance de non-conciliation.

Art. 257-2

À peine d'irrecevabilité, la demande introductive d'instance comporte une proposition de règlement des intérêts pécuniaires et patrimoniaux des époux.

81. Proposition de règlement pécuniaire. — La loi généralise, mais au stade de l'assignation, la règle antérieurement propre à la demande de divorce pour rupture de la vie commune imposant au demandeur de formuler des propositions.

Cette exigence, dont le respect sera facilité par la désignation éventuelle de professionnels dans l'ordonnance de non-conciliation (cf. *supra* n° 87), a pour but d'éclairer les bases du débat, notamment sur la liquidation des biens et la prestation compensatoire.

L'avant-projet de décret prévoit cependant d'une part, que l'irrecevabilité qui la sanctionne doit être soulevée *in limine litis*, d'autre part, qu'elle ne constitue pas une prétention au sens de l'article 4 du nouveau Code de procédure civile, c'est-à-dire ne fige pas les termes du litige (art. 1115) ; son auteur pourrait donc modifier sa position ensuite (sauf au juge à se souvenir des termes de cette proposition initiale).

Art. 258

Lorsqu'il rejette définitivement la demande en divorce, le juge peut statuer sur la contribution aux charges du mariage, la résidence de la famille et les modalités de l'exercice de l'autorité parentale.

82. Rejet de la demande. — Pur et simple maintien du texte permettant au juge d'organiser la vie séparée des époux qu'il renvoie mariés (étant remarqué que cette organisation devrait ne plus être que très temporaire puisqu'un divorce pour altération pourra suivre de peu sur le fondement de la séparation résultant déjà de l'ordonnance de non-conciliation).

§ 5. Des preuves

Art. 259

Les faits invoqués en tant que causes de divorce ou comme défenses à une demande peuvent être établis par tout mode de preuve, y compris l'aveu.

Toutefois, les descendants ne peuvent jamais être entendus sur les griefs invoqués par les époux.

83. Preuve par tous moyens. Témoignages. — À l'ancien article 259, repris tel quel dans l'alinéa 1er, la loi ajoute l'interdiction du témoignage des descendants sur les griefs qui figure déjà à l'article 205 du nouveau Code de procédure civile.

Il n'est pas dit si elle entend consacrer son extension jurisprudentielle aux conjoints des descendants (4) et à leurs concubins (5).

Art. 259-1

Un époux ne peut verser aux débats un élément de preuve qu'il aurait obtenu par violence ou fraude.

---

4. Civ. 2e, 18 novembre 1987, *Bull.* II n° 230 — 30 septembre 1998, *Bull.* II n° 250.

5. Civ. 2e, 10 mai 2001, *Bull.* II n° 94.

84. Exclusion des éléments obtenus par fraude. — En reprenant la formule de l'article 259-1 sans vraie modification, la loi a manqué l'occasion de rejeter des prétoires des éléments malsains comme la correspondance personnelle d'un époux ou ses écrits intimes, ou à tout le moins d'exiger de celui qui les produit qu'il explique comment ils sont parvenus entre ses mains.

Art. 259-2

Les constats dressés à la demande d'un époux sont écartés des débats s'il y a eu violation de domicile ou atteinte illicite à l'intimité de la vie privée.

85. Constats d'adultère et rapport de détective. — Apparaissant véritablement comme un vestige, sinon un fossile, ce texte, purement et simplement conservé, est lié au maintien du divorce pour faute.

Art. 259-3

Les époux doivent se communiquer et communiquer au juge ainsi qu'aux experts et autres personnes désignés par lui en application des 9° et 10° de l'article 255, tous renseignements et documents utiles pour fixer les prestations et pensions et liquider le régime matrimonial.

Le juge peut faire procéder à toutes recherches utiles auprès des débiteurs ou de ceux qui détiennent des valeurs pour le compte des époux sans que le secret professionnel puisse être opposé.

86. Obligation de transparence financière. — La reprise de l'ancien article 259-3 est évidemment opportune, même si l'on peut regretter que ses dispositions — en particulier celles de l'alinéa 2 — ne semblent pas être entrées dans les habitudes judiciaires.

Mais, comme la déclaration sur l'honneur reprise par l'article 272 (cf. *infra* n° 108), avec laquelle il faut la combiner, cette obligation de transparence et de sincérité imposée aux époux n'aura d'autre intensité que celle de sa sanction. Et force est de constater une certaine réticence des juges à affermir ces sanctions, comme si l'on devait admettre, transposant à peine le vieil adage de Loysel, qu'*« en divorce trompe qui peut »*.

CHAPITRE III

DES CONSÉQUENCES DU DIVORCE

Section 1

De la date à laquelle se produisent les effets du divorce

Art. 260
La décision qui prononce le divorce dissout le mariage à la date à laquelle elle prend force de chose jugée.

87. Date de dissolution du mariage. — Inchangé, l'article 260 lie la date de dissolution du mariage à l'expiration des recours suspensifs contre la décision qui prononce le divorce puisque telle est la définition de la *« force de chose jugée »* donnée par l'article 500 du nouveau Code de procédure civile.

On sait les difficultés et hésitations quasi quotidiennes qui résultent de la mise en œuvre jurisprudentielle de ce texte subtilement nuancée selon l'objet des voies de recours exercées. On sait aussi que, pour justifié qu'il puisse être en théorie, ce camaïeu produit des effets plus que fâcheux, lorsqu'on pense en particulier que la date de dissolution du mariage commande la transcription du divorce, de sorte que les officiers d'état civil doivent être en mesure de la déterminer (ce qui rend déraisonnable d'exiger d'eux par exemple de se plonger dans la lecture des moyens de cassation pour apprécier si l'effet suspensif du pourvoi fait ou non son œuvre).

L'avant-projet de décret ne modifie pas de ce point de vue les textes relatifs à l'appel et au pourvoi.

Semble donc reconduite (sauf évolution règlementaire ou jurisprudentielle) la situation actuelle qui peut être résumée sommairement de la façon suivante :

— *à défaut d'appel* (ou de pourvoi en cassation en cas de divorce par consentement mutuel, le jugement n'étant pas susceptible d'appel mais d'un pourvoi dans le délai particulier de 15 jours), le mariage est dissous à la date d'expiration du délai qui était ouvert pour le former sous réserve du cas où le juge subordonne le prononcé du divorce aux garanties des articles 274 et 277 (cf. *infra* n° 120) ;

— *en cas d'appel ne remettant pas en cause le prononcé du divorce,* la dissolution se situe au jour de l'arrêt d'appel, sauf acquiescement partiel antérieur des deux époux à ce prononcé (en effet, jusqu'au jour de l'arrêt, une révocation de l'ordonnance de clôture peut intervenir et le prononcé du divorce, non critiqué jusqu'alors, peut venir à l'être) ;

— *en cas de prononcé du divorce par la Cour d'appel* (que son arrêt soit confirmatif ou infirmatif à cet égard), le mariage n'est dissous qu'à l'expiration du délai de pourvoi en cassation si aucun pourvoi n'est formé ;

— *en cas de pourvoi* ne critiquant pas le prononcé du divorce (ce qui ne peut être déterminé qu'à la date d'expiration du délai de mémoire ampliatif et à la lecture des moyens présentés par celui-ci), le mariage n'est dissous qu'au jour où le défendeur ne peut plus former un pourvoi incident susceptible de porter sur ce prononcé ;

— *en cas de pourvoi principal ou incident* critiquant le prononcé du divorce, la dissolution du mariage intervient au jour de l'arrêt de rejet des moyens relatifs à ce prononcé ;

— *en cas de cassation* concernant ce prononcé, on retrouve devant la Cour de renvoi les mêmes solutions que ci-dessus devant la première Cour d'appel.

Art. 261
Abrogé, non remplacé (délai de viduité).

Art. 262
Le jugement de divorce est opposable aux tiers, en ce qui concerne les biens des époux, à partir du jour où les formalités de mention en marge prescrites par les règles de l'état civil ont été accomplies.

88. Date d'opposabilité du divorce aux tiers. — Le texte est inchangé, qui lie cette opposabilité à la transcription du divorce à l'état civil.

Art. 262-1
Le jugement de divorce prend effet dans les rapports entre les époux, en ce qui concerne leurs biens :

– lorsqu'il est prononcé par consentement mutuel, à la date de l'homologation de la convention réglant l'ensemble des conséquences du divorce, à moins que celle-ci n'en dispose autrement ;

– lorsqu'il est prononcé pour acceptation du principe de la rupture du mariage, pour altération définitive du lien conjugal ou pour faute, à la date de l'ordonnance de non-conciliation.

À la demande de l'un des époux, le juge peut fixer les effets du jugement à la date à laquelle ils ont cessé de cohabiter et de collaborer. Cette demande ne peut être formée qu'à l'occasion de l'action en divorce. La jouissance du logement conjugal par un seul des époux conserve un caractère gratuit jusqu'à l'ordonnance de non-conciliation, sauf décision contraire du juge.

89. Dissolution du régime matrimonial : date de principe au jour de l'ordonnance de non-conciliation et non plus de l'assignation. — L'alinéa 1er de l'article 262-1 est réécrit pour comprendre une précision et une importante modification en ce qui concerne le jour où le divorce prend effet dans les rapports entre les époux en ce qui concerne leurs biens, c'est-à-dire principalement la date de dissolution de la communauté mais plus généralement de tout régime matrimonial (comme une participation aux acquêts ou même une séparation de biens pour ce qui touche les diverses clauses du régime ajoutant à une indivision) : à partir de cette date, c'est une indivision pure et simple qui prend la suite du régime matrimonial, quel qu'il fût.

La précision concerne le **divorce par consentement mutuel** : la date d'effet peut être librement fixée par les époux dans la convention homologuée et c'est seulement s'il n'est rien convenu à ce sujet que la loi indique le jour du jugement homologuant la convention. L'effet suspensif du délai de quinzaine du pourvoi en la matière, ou d'un éventuel pourvoi effectivement exercé, diffère-t-il cette date ? Il ne le semble pas car, même si la dissolution du régime ne devient définitive qu'après expiration de ce délai ou rejet du pourvoi, il a toujours été admis qu'elle puisse agir rétroactivement à l'égard de sa date d'effet.

La modification d'importance concerne les **autres formes** de divorce : ce n'est plus au jour de l'assignation que remontera la dissolution du régime matrimonial, mais à celui de l'ordonnance de non-conciliation. Modification très logique, puisque c'est au plus tard à cette date que se sera établie une vie séparée des époux.

90. Report de cette date. — L'alinéa 2 du texte modifie une nouvelle fois le régime de l'action tendant à faire remonter dans le passé la dissolution du régime au jour de la séparation de fait des époux. Cette modification porte sur quatre points :

— la demande ne peut désormais être présentée qu'*« à l'occasion de l'action en divorce »* : il s'agit d'éviter qu'une demande ultérieure ne vienne bouleverser *a posteriori* la situation sur la base de laquelle le juge du divorce en avait déterminé les conséquences, tout particulièrement en ce qui concerne la prestation compensatoire ;

— la demande peut être formée par n'importe lequel des deux époux et n'en est plus privé celui *« auquel incombent à titre principal les torts de la séparation »* : la suppression de cette déchéance est conforme au mouvement général d'objectivation du règlement des conséquences du divorce ;

— le juge acquiert un pouvoir d'appréciation quant à l'opportunité de ce report, même lorsque les conditions objectives en sont réunies : il *« peut »* fixer... ; dans le système antérieur, le report était de droit (1) ; il n'est cependant donné aucun critère ni directive au juge pour apprécier cette opportunité ;

— quand le report est décidé, de sorte que l'indivision post-communautaire est réputée exister depuis une date qui se situe pendant le mariage avant toute procédure de divorce, la jouissance exclusive d'un bien commun ou indivis par l'un des époux peut donner lieu rétroactivement à une indemnité d'occupation en application de l'article 815-9, ce qui peut créer une charge imprévue et lourde pour le *« bénéficiaire »* ; il est précisé que cette indemnité rétroactive ne peut pas en principe concerner la jouissance du logement conjugal (ce qui est le cas principal), sauf décision contraire du juge (qui ne reçoit ici encore aucune directive quant à son appréciation) ; il s'agit de briser une jurisprudence de la Cour de cassation qui poussait jusqu'à cette conséquence extrême la présomption d'onérosité qu'elle avait instaurée pour l'occupation du logement avant l'assignation (2).

Art. 262-2

Toute obligation contractée par l'un des époux à la charge de la communauté, toute aliénation de biens communs faite par l'un d'eux dans la limite de ses pouvoirs, postérieurement à la requête initiale, sera déclarée nulle, s'il est prouvé qu'il y a eu fraude aux droits de l'autre conjoint.

91. Nullité pour fraude des actes postérieurs à la requête sur la communauté. — Inchangé, ce texte maintient la possibilité d'annuler des actes frauduleux préjudiciables à la communauté passés avec des tiers après la requête initiale, ce qui implique que la fraude est au moins connue de ce tiers (chose difficile à prouver, ce qui explique le peu d'application de cette disposition).

1. Civ. 2e, 31 mars 1993, *Bull.* II n° 136 — 9 octobre 1996, *Bull.* II n° 225.

2. Civ. 1re, 3 février 2004, *Bull.* II n° 37.

Section 2

Des conséquences du divorce pour les époux

§ 1. Dispositions générales

Art. 263

Si les époux divorcés veulent contracter entre eux une autre union, une nouvelle célébration du mariage est nécessaire.

92. Remariage entre les époux. — Est inchangée l'exigence d'une nouvelle célébration si les époux veulent se remarier entre eux, ce qui emporte que leur premier régime matrimonial reste définitivement dissous et qu'ils peuvent librement en adopter un nouveau qui soit différent.

Art. 264

À la suite du divorce, chacun des époux perd l'usage du nom de son conjoint.

L'un des époux peut néanmoins conserver l'usage du nom de l'autre, soit avec l'accord de celui-ci, soit avec l'autorisation du juge, s'il justifie d'un intérêt particulier pour lui ou pour les enfants.

93. Nom des époux divorcés. — Sans changement de fond, le régime instauré par l'ancienne rédaction de ce texte est simplement modernisé à deux égards :

— il supprime l'autorisation de conservation du nom dont bénéficiait la femme dans le cas d'un divorce pour rupture de la vie commune demandé par le mari : conséquence du fait que le divorce pour altération rejoint le droit commun quant aux effets qu'il produit ;

— il bilatéralise le bénéfice du régime d'autorisation conventionnelle ou judiciaire auparavant prévu pour la femme seulement (même si, en fait, le terme de *« conserver »* implique un port du nom de l'autre pendant le mariage qui est très rarement le fait du mari).

Art. 265

Le divorce est sans incidence sur les avantages matrimoniaux qui prennent effet au cours du mariage et sur les donations de biens présents quelle que soit leur forme.

Le divorce emporte révocation de plein droit des avantages matrimoniaux, qui ne prennent effet qu'à la dissolution du régime matrimonial ou du décès de l'un des époux et des dispositions à cause de mort, accordés par un époux envers son conjoint par contrat de mariage ou pendant l'union, sauf volonté contraire de l'époux qui les a consentis. Cette volonté est constatée par le juge au moment du prononcé du divorce et rend irrévocables l'avantage ou la disposition maintenus.

94. Suppression de la déchéance des donations et avantages matrimoniaux présents. — Dans l'esprit d'objectivation déjà évoqué, le système complexe organisé par les articles 266 à 269 anciens quant à la déchéance des donations et avantages matrimoniaux selon les différents cas de divorce est supprimé, pour faire place à une distinction tenant uniquement à l'objet de ces donations et avantages, ou plus précisément à leur date d'effet.

Aucune révocation ne s'attache plus au divorce à l'égard des donations de biens présents (lesquelles cessent par ailleurs d'être révocables par la volonté du donateur lorsqu'elles ont été faites après la célébration du mariage : art. 1096 nouveau : cf. *infra*, n° 146). Disparaîtront en conséquence les nombreuses contestations qui surgissaient à l'occasion du divorce sur les financements par l'un des époux des acquisitions effectuées par l'autre ou en indivision.

Aucune révocation n'affecte désormais non plus les *« avantages matrimoniaux qui prennent effet au cours du mariage »*, notion qui doit s'interpréter par opposition aux avantages visés à l'alinéa 2 *« qui ne prennent effet qu'à la dissolution du régime matrimonial »*. Par exemple, l'adoption d'un régime de communauté universelle, qui peut constituer un avantage matrimonial, est un avantage qui prend effet immédiatement et ne sera donc pas révoqué. Mais les clauses d'attribution inégale ou préciputaire qui l'accompagnent souvent constituent, quant à elles, des avantages ne prenant effet qu'à la dissolution et tomberont donc sous la révocation de l'alinéa suivant.

95. Révocation de plein droit des donations pour cause de mort et avantages liés à la dissolution. — Sans qu'il y ait lieu désormais de distinguer selon la cause du divorce, ni selon l'*« innocence »* de l'époux bénéficiaire, sont révoqués de plein droit :

— les donations pour cause de mort (*« au dernier vivant »*) dont la mise en œuvre entre époux divorcés depuis longtemps (et parfois remariés) réservait de graves et incompréhensibles surprises lors de la succession de l'un d'eux ;

— les avantages matrimoniaux *« qui ne prennent effet qu'à la dissolution du régime matrimonial ou au décès de l'un des époux »*, c'est-à-dire les clauses de partage inégal, d'attribution préférentielle ou préciputaire prévues notamment aux articles 1390 à 1392.

96. Maintien par volonté expresse du donateur. — Le texte réserve cependant à l'époux qui a consenti la donation ou l'avantage matrimonial la possibilité de les maintenir.

Sa volonté en ce sens doit être *« constatée par le juge au moment du prononcé du divorce »*, ce qui semble impliquer :

— d'une part, que c'est seulement à l'époque de la procédure que cette volonté peut être efficace et qu'une clause insérée à l'avance dans la donation ou l'acte créant l'avantage matrimonial serait inefficace ;

— d'autre part, que c'est dans la décision de divorce que doit figurer la mention de cette volonté de maintien.

Ainsi entourée de précautions, la déclaration de volonté de maintien lie définitivement son auteur qui ne peut ensuite la rétracter : elle rend *« irrévocables »*, quel qu'eût été leur régime propre auparavant, *« l'avantage ou la disposition maintenus »*.

Art. 265-1

Le divorce est sans incidence sur les droits que l'un ou l'autre des époux tient de la loi ou des conventions passées avec des tiers.

97. Assurances-vie. — Modifiant la disposition de l'ancien article 265 alinéa 2 qui attachait aux torts exclusifs ou à la demande de divorce pour rupture de la vie commune la perte des droits nés de *« conventions passées avec des tiers »*, le nouvel article 265-1 précise au contraire que le divorce reste sans incidence à leur égard.

En pratique, cela concerne à titre principal les droits issus de contrats d'assurance-vie-décès ou de l'adhésion à des régimes de protection et de retraite. Naturellement, dans tous les cas où elle est encore possible, la modification du bénéficiaire désigné pourra être décidée par l'époux divorcé (comme elle pouvait l'être au cours du mariage). La question du *« blocage »* de cette faculté de modification pour les assurances-vie et les contrats de capitalisation par une acceptation du bénéficiaire de ces stipulations pour autrui est, on le sait, vivement débattue de façon générale : c'est là un problème plus vaste qui ne présente aucune spécificité dans le cas particulier du divorce entre le souscripteur et le bénéficiaire désigné.

Art. 265-2

Les époux peuvent, pendant l'instance en divorce, passer toutes conventions pour la liquidation et le partage de leur régime matrimonial.

Lorsque la liquidation porte sur des biens soumis à la publicité foncière, la convention doit être passée par acte notarié.

98. Conventions de liquidation pendant l'instance. — L'ancien article 1450 qui permettait ces conventions à condition qu'elles soient passées par-devant notaire, est déplacé et assoupli : désormais l'intervention notariale n'est imposée que s'il existe des immeubles (mais elle constitue en ce cas une règle de forme et non de simple utilité pour la publication, de sorte qu'une convention non notariée sera nulle même entre les époux).

Ces conventions, désormais valables sous seings privés, devront-elles être soumises au juge du divorce pour homologation selon les modalités de l'article 268 ? Il ne le semble pas : si tel était le cas, l'article 265-2 n'aurait aucune utilité autonome et pas de raison d'être. On doit donc considérer que les conventions visées à l'article 268 seront celles qui règlent les conséquences du divorce autres que la liquidation et le partage du régime matrimonial (ou encore celles qui concernent des immeubles sans avoir été passées devant notaire). Sur l'articulation de ce texte avec l'article 268, voir aussi *infra* n° 102.

§ 2. Des conséquences propres aux divorces autres que par consentement mutuel

Art. 266

Sans préjudice de l'application de l'article 270, des dommages et intérêts peuvent être accordés à un époux en réparation des conséquences d'une particulière gravité qu'il subit du fait de la dissolution du mariage soit lorsqu'il était défendeur à un divorce prononcé pour altération définitive du lien conjugal et qu'il n'avait lui-même formé aucune demande en divorce, soit lorsque le divorce est prononcé aux torts exclusifs de son conjoint.

Cette demande ne peut être formée qu'à l'occasion de l'action en divorce.

99. Dommages-intérêts spéciaux. — L'ancien article 266, qui permettait l'allocation de dommages-intérêts au conjoint *« innocent »* auquel on assimilait le demandeur pour rupture de la vie commune, est maintenu tout en étant circonscrit aux *« conséquences d'une particulière gravité »*.

Sans que cela soit dit, la jurisprudence permettant parallèlement d'agir sur le fondement de l'article 1382 en réparation du préjudice causé directement par des fautes – indépendamment de la dissolution du mariage – doit être considérée comme pouvant se maintenir, sans exigence d'une *« particulière gravité »*.

Art. 267

À défaut d'un règlement conventionnel par les époux, le juge, en prononçant le divorce, ordonne la liquidation et le partage de leurs intérêts patrimoniaux.

Il statue sur les demandes de maintien dans l'indivision ou l'attribution préférentielle.

Il peut aussi accorder à l'un des époux ou aux deux une avance sur sa part de communauté ou de biens indivis.

Si le projet de liquidation du régime matrimonial établi par le notaire désigné sur le fondement du 10º de l'article 255 contient des informations insuffisantes, le juge, à la demande de l'un ou l'autre des époux, statue sur les désaccords persistant entre eux.

100. Rôle du juge du divorce à l'égard de la liquidation du régime matrimonial. — Déplacé, l'ancien article 264-1 est en outre modifié pour élargir les pouvoirs du juge du divorce à l'égard de la liquidation du régime matrimonial qui va suivre.

L'objectif est d'avancer autant que faire se peut ces opérations en vue de parvenir à respecter le délai d'un an prévu par l'article suivant.

À cette fin, le juge du divorce peut non seulement, comme auparavant, statuer sur les demandes d'attribution préférentielle ou de maintien de l'indivision, mais encore statuer sur les points qui apparaissent d'ores et déjà litigieux au vu du projet de liquidation du régime matrimonial établi par le notaire désigné par l'ordonnance de non-conciliation en vertu de l'article 255-10º.

En outre, il peut accorder à l'un des époux ou aux deux une avance sur leur part.

Art. 267-1

Si les opérations de liquidation et de partage ne sont pas achevées dans le délai d'un an après que le jugement de divorce est passé en force de chose jugée, le notaire transmet au tribunal un procès-verbal de difficultés reprenant les déclarations respectives des parties.

Au vu de celui-ci, le tribunal peut accorder un délai supplémentaire d'une durée maximale de six mois.

Si, à l'expiration de ce délai, les opérations ne sont toujours pas achevées, le notaire en informe le tribunal. Il établit, si les changements intervenus le rendent nécessaire, un nouveau procès-verbal.

Le tribunal statue sur les contestations subsistant entre les parties et les renvoie devant le notaire afin d'établir l'état liquidatif.

101. Liquidation et partage : délai d'un an. — La loi nouvelle a ce grand mérite de prendre directement de front ce qui constituait l'un des problèmes majeurs de l'après-divorce, à savoir la longueur des opérations de liquidation et partage des intérêts communs des époux, très souvent enclins à faire revivre leur mésentente sur ce plan.

Sans être total, le remède mis sur pied consiste dans un double délai :

— un délai de principe d'un an *« après que le divorce est passé en force de chose jugée »* (sur la détermination de cette date, cf. *supra* n° 87) : au bout de cette année, le notaire doit prendre l'initiative de transmettre au tribunal un procès-verbal de difficultés ; cette disposition, qui suppose que le notaire ait été informé de la situation des voies de recours éventuelles pour déterminer le point de départ du délai, laisse sans précision la question de la sanction d'une méconnaissance de ce délai (il est à prévoir que les notaires risqueront d'être l'objet d'actions ultérieures en responsabilité de la part d'un époux qui, par la suite, estimerait subir un préjudice du fait de la longueur des opérations, même si ce préjudice ne pourra le plus souvent consister qu'en la perte d'une chance) ;

— un délai supplémentaire de six mois au plus que le *« tribunal »* (ce n'est plus le juge aux affaires familiales mais le tribunal de grande instance) peut accorder (sans qu'il soit précisé ce qu'il peut faire s'il n'entend pas accorder ce délai : sans doute statuer d'ores et déjà comme il le fera à l'expiration de ce délai) ; ce délai supplémentaire expiré, et si les opérations ne sont toujours pas terminées, le notaire doit en informer le tribunal (sans doute sous la même sanction que précédemment) en joignant le cas échéant un nouveau procès-verbal de difficultés si le premier n'est plus d'actualité.

Le tribunal doit alors *« prendre les choses en mains »* en vidant les contestations subsistant entre les parties et renvoyer devant le notaire pour exécution. Mais il n'est pas imparti de délai au tribunal lui-même : c'est donc sans doute la diligence d'un des ex-époux qui sera déterminante, ce qui révèle la véritable nature de ce mécanisme : il n'est pas fait pour interdire aux ex-époux de faire *« traîner »* ensemble les opérations, mais pour permettre à l'un d'eux de vaincre l'éventuelle attitude d'obstruction ou dilatoire de l'autre.

Art. 268

Les époux peuvent, pendant l'instance, soumettre à l'homologation du juge des conventions réglant tout ou partie des conséquences du divorce.

Le juge, après avoir vérifié que les intérêts de chacun des époux et des enfants sont préservés, homologue les conventions en prononçant le divorce.

102. Homologation d'éventuels accords des époux. — Disposition nouvelle destinée à donner la plus large place possible à des accords des époux, même partiels, ce texte doit être articulé avec l'article 265-2 qui les autorise à conclure en cours d'instance sur la liquidation et le partage de *« leur régime matrimonial »* (sic), des conventions qui, on l'a vu (cf. *supra* n° 98), sont valables en elles-mêmes pourvu qu'elles soient notariées en présence d'immeubles, et par simple acte sous seings privés à défaut.

Cette validité des conventions relatives à la liquidation du régime emporte que l'exigence d'homologation de l'article 268 n'est véritablement posée qu'en ce que la convention que vise ce texte a un objet plus large : l'accord peut donc porter sur l'autorité parentale, la contribution à l'entretien des enfants et la prestation compensatoire, ce qu'atteste encore le fait que le juge ne l'homologue qu'*« après avoir vérifié que les intérêts de chacun des époux et des enfants sont préservés »*.

Naturellement, pour ce qui concerne l'autorité parentale et la contribution à l'entretien des enfants, ce caractère initialement conventionnel de l'accord — qui n'enlève pas au jugement son caractère judiciaire lié à l'homologation — ne fait pas obstacle à la possibilité ultérieure de révision selon le droit commun, en cas de survenance d'éléments nouveaux.

§ 3. Des prestations compensatoires

Art. 270

Le divorce met fin au devoir de secours entre époux.

L'un des époux peut être tenu de verser à l'autre une prestation destinée à compenser, autant qu'il est possible, la disparité que la rupture du mariage crée dans les conditions de vie respectives. Cette prestation a un caractère forfaitaire. Elle prend la forme d'un capital dont le montant est fixé par le juge.

Toutefois, le juge peut refuser d'accorder une telle prestation si l'équité le commande, soit en considération des critères prévus à l'article 271, soit lorsque le divorce est prononcé aux torts exclusifs de l'époux qui demande le bénéfice de cette prestation, au regard des circonstances particulières de la rupture.

103. Fin du devoir de secours. — Supprimant l'exception antérieurement prévue pour le divorce pour rupture de la vie commune, le texte commence par affirmer la fin du devoir de secours. On rappellera que la date précise de cette fin est liée à celle de la dissolution du mariage, suivant les distinctions subtiles précédemment rappelées selon les voies de recours ouvertes ou exercées (cf. *supra* n° 87).

104. Droit à prestation compensatoire. — La vocation au bénéfice d'une prestation compensatoire est étendue par suppression de principe des deux exceptions antérieures, concernant d'une part l'époux exclusivement fautif, d'autre part celui qui était l'initiateur d'un divorce pour rupture de la vie commune.

Cependant, cette suppression n'est pas absolument radicale : le juge reçoit un pouvoir de refus pour *« équité »*.

Cette *« exception d'équité »* n'est pas laissée sans directive, la loi lui assignant trois cadres :

— soit *« en considération des critères prévus à l'article 271 »* : à la vérité, il ne s'agit pas dans ce cas d'une véritable exception *« d'équité »*, mais du constat que les paramètres d'appréciation d'une prestation ne sont pas alors véritablement réunis ; cette curieuse disposition ne s'explique que par le fait que le projet visait particulièrement le cas où la demande est fondée sur l'altération du lien conjugal, par une sorte de séquelle du droit antérieur relatif à la rupture de la vie commune ; mais cette référence a été supprimée à la fin des travaux parlementaires, de telle sorte que, dans la rédaction finalement adoptée, ce premier cas ne paraît plus guère avoir de contenu ;

— soit *« lorsque le divorce est prononcé aux torts exclusifs »* du demandeur à la prestation ; survivance du droit antérieur, mais atténuée : l'époux exclusivement coupable n'est pas privé de plein droit d'une vocation à prestation, mais peut l'être *« si l'équité le commande »* ;

— soit *« au regard des circonstances particulières de la rupture »* : ce qui vise sans doute l'hypothèse où, même en dehors d'un divorce pour faute et si le divorce est prononcé pour altération du lien conjugal ou même pour acceptation de son principe, le comportement d'un des époux apparaît si gravement blâmable lors de la *« rupture »* (ce qui peut être très antérieur à la procédure) que l'équité *« commande »* de lui refuser une prestation.

Comme toute référence à l'équité, cette disposition confère au juge un pouvoir extrêmement large, qui relèvera de l'appréciation souveraine des juges du fond (mais non *« discrétionnaire »* en raison de l'inscription nécessaire de cette équité dans l'un des trois cadres légaux, si plastiques qu'ils soient).

105. Capital forfaitaire. — Curieusement, la loi fait *« remonter »* à la fin de l'alinéa 1er de l'article 270 le caractère forfaitaire (*ex* art. 273) et la forme en capital (*ex* art. 274), sans annoncer les exceptions qui suivront (art. 276 et suivants).

106. Objet de la prestation. — La définition même de la prestation n'est pas modifiée : elle a toujours pour objet de *« compenser, autant qu'il est possible, la disparité que la rupture du mariage crée dans les conditions de vie respectives »*, ce qui annonce les paramètres énumérés à l'article suivant.

Art. 271

La prestation compensatoire est fixée selon les besoins de l'époux à qui elle est versée et les ressources de l'autre en tenant compte de la situation au moment du divorce et de l'évolution de celle-ci dans un avenir prévisible.

À cet effet, le juge prend en considération notamment :

– la durée du mariage ;

– l'âge et l'état de santé des époux ;

– leur qualification et leur situation professionnelles ;

– les conséquences des choix professionnels faits par l'un des époux pendant la vie commune pour l'éducation des enfants et du temps qu'il faudra encore y consacrer ou pour favoriser la carrière de son conjoint au détriment de la sienne ;

– le patrimoine estimé ou prévisible des époux, tant en capital qu'en revenu, après la liquidation du régime matrimonial ;

– leurs droits existants et prévisibles ;

– leur situation respective en matière de pensions de retraite.

107. Ajout d'un seul élément. — L'article 271 reprend l'énumération de l'ancien article 272 (en modifiant l'ordre, ce qui paraît sans conséquence car il n'existe aucune priorité de principe entre eux), tout en comportant une seule addition au sujet du temps consacré ou à consacrer à l'éducation des enfants : il est précisé qu'il y a lieu alors de tenir compte des *« conséquences des choix professionnels faits par l'un des époux »* en vue de cette éducation. Cette addition, particulièrement bien venue, a pour objet de souligner que le temps d'éducation ne doit pas être considéré seulement en lui-même, mais aussi dans les effets plus durables que son organisation entraîne sur les possibilités professionnelles de chacun.

Ne sont pas visés seulement les choix faits en commun, mais ceux *« faits par l'un des époux »*, pour faire pièce à l'objection souvent entendue que l'époux qui a cessé de travailler l'a librement décidé sans y être contraint : même si l'autre n'a pas participé positivement à ce choix (et même s'il s'y est verbalement opposé, sans pouvoir évidemment exercer une quelconque contrainte pour conduire l'autre à continuer de travailler...), c'est la situation objective qui devra être prise en considération. En quelque sorte, il s'agit d'une conséquence médiate du fait même d'avoir choisi d'avoir des enfants en mariage, exposant l'un des époux au risque de voir l'autre décider seul de l'infléchissement à en déduire pour sa vie professionnelle.

Art. 272

Dans le cadre de la fixation d'une prestation compensatoire, par le juge ou par les parties, ou à l'occasion d'une demande de révision, les parties fournissent au juge une déclaration certifiant sur l'honneur l'exactitude de leurs ressources, revenus, patrimoine et conditions de vie.

108. Déclaration sur l'honneur. — Simplement déplacée, l'exigence de la déclaration sur l'honneur introduite par la loi du 30 juin 2000 n'a fait malheureusement l'objet d'aucune précision quant à sa sanction. On sait qu'il reste à la jurisprudence (civile et pénale) d'élaborer un régime qui vienne remplacer la sanction excessive de l'annulation automatique des décisions sur la prestation compensatoire édictée dans un premier temps, sans pour autant faire de ce texte une simple épée de bois. Rappelons que cette disposition doit être rapprochée de l'article 259-3 qui oblige aussi les parties à communiquer au juge et aux experts et autres professionnels tous documents et renseignements utiles pour fixer *« les prestations... »*.

Art. 273

Abrogé, non remplacé (déplacé à l'article 270).

Art. 274

Le juge décide des modalités selon lesquelles s'exécutera la prestation compensatoire en capital parmi les formes suivantes :

1° Versement d'une somme d'argent, le prononcé du divorce pouvant être subordonné à la constitution des garanties prévues à l'article 277 ;

2° Attribution de biens en propriété ou d'un droit temporaire ou viager d'usage, d'habitation ou d'usufruit, le jugement opérant cession forcée en faveur du créancier. Toutefois, l'accord de l'époux débiteur est exigé pour l'attribution en propriété de biens qu'il a reçus par succession ou donation.

109. Modalités de la prestation. — Des trois modalités prévues par la loi de 1975 (versement d'une somme d'argent, abandon de biens et dépôt de valeurs frugifères), le texte ne reprend que les deux premières, la troisième n'ayant connu aucune application en pratique.

En ce qui concerne le versement de sommes d'argent, le texte est légèrement réécrit, sans modification ; il reprend notamment la précision — en pratique très rarement utilisée — que le prononcé du divorce peut être subordonné à la constitution des garanties prévues à l'article 277 (sur les précautions souhaitables dans la mise en œuvre de ce lien entre constitution de garanties et prononcé du divorce ; cf. *infra* n° 120).

En ce qui concerne l'attribution de droits de propriété, d'usufruit, d'usage ou d'habitation à titre viager ou pour un temps déterminé, un nouvel alinéa vient indiquer que des biens reçus en donation ou succession ne peuvent être transférés qu'avec l'accord de l'époux débiteur : il s'agit d'éviter que des biens d'origine familiale passent à l'autre époux par une sorte d'expropriation judiciaire. Il faut noter que les biens qu'un époux avait acquis lui-même avant le mariage sont exceptés de cette restriction.

L'avant-projet de décret impose au juge (ou aux époux dans un divorce par consentement mutuel) de préciser la valeur des biens ainsi attribués, sans toutefois en indiquer les conséquences ni les sanctions : art. 1080).

Ces modalités peuvent être mixées.

Art. 275

Lorsque le débiteur n'est pas en mesure de verser le capital dans les conditions prévues par l'article 274, le juge fixe les modalités de paiement du capital, dans la limite de huit années, sous forme de versements périodiques indexés selon les règles applicables aux pensions alimentaires.

Le débiteur peut demander la révision de ces modalités de paiement en cas de changement important de sa situation. À titre exceptionnel, le juge peut alors, par décision spéciale et motivée, autoriser le versement du capital sur une durée totale supérieure à huit ans.

Le débiteur peut se libérer à tout moment du solde du capital indexé.

Après la liquidation du régime matrimonial, le créancier de la prestation compensatoire peut saisir le juge d'une demande en paiement du solde du capital indexé.

110. Échelonnement du capital. — La disposition de l'ancien article 275-1 organisant un échelonnement du capital sur un maximum de huit ans et sa révision exceptionnelle est purement et simplement reprise sous réserve de quatre légères modifications :

— les versements peuvent être *« périodiques »* et non plus seulement mensuels ou annuels (ce qui autorise plus de souplesse, par exemple des versements trimestriels, ou même tous les deux ans) ;

— le capital que le débiteur peut verser pour se libérer à tout moment ou que le créancier peut demander si la liquidation du régime permet un versement immédiat tient compte du jeu de l'indexation prévue pour les versements ;

— le changement de sa situation permettant au débiteur de demander une révision de l'échéancier doit être *« important »* et non plus *« notable »* ;

— la référence à une demande de révision par les héritiers du débiteur est supprimée, la situation au décès du débiteur étant réorganisée aux articles 280 et 280-1.

Art. 275-1

Les modalités de versement prévues au premier alinéa de l'article 275 ne sont pas exclusives du versement d'une partie du capital dans les formes prévues par l'article 274.

111. Possibilité de mixage. — Ce texte permet au juge de combiner l'échelonnement prévu à l'article précédent avec le *« versement d'une partie du capital dans les formes prévues par l'article 274 »*, ce qui autorise :

— soit le mixage d'un capital *« en nature »* par cession de droits réels avec un capital en argent dont le versement est échelonné ;

— soit le mixage d'une partie du capital immédiatement exigible avec une autre fraction échelonnée.

Art. 276

À titre exceptionnel, le juge peut, par décision spécialement motivée, lorsque l'âge ou l'état de santé du créancier ne lui permet pas de subvenir à ses besoins, fixer la prestation compensatoire sous forme de rente viagère. Il prend en considération les éléments d'appréciation prévus à l'article 271.

Le montant de la rente peut être minoré, lorsque les circonstances l'imposent, par l'attribution d'une fraction en capital parmi les formes prévues à l'article 274.

112. Attribution exceptionnelle d'une rente viagère. — La rédaction issue de la loi du 30 juin 2000 supprimant les rentes temporaires et subordonnant l'octroi d'une rente viagère à une motivation spéciale constatant que l'âge ou l'état de santé du débiteur ne lui permet pas de subvenir à ses besoins est maintenue.

Mais est ajouté un alinéa 2 autorisant de mixer une rente viagère et un capital, combinaison qui avait été pendant un premier temps refusée par la Cour de cassation.

Art. 276-1

La rente est indexée ; l'indice est déterminé comme en matière de pension alimentaire.

Le montant de la rente avant indexation est fixé de façon uniforme pour toute sa durée ou peut varier par périodes successives suivant l'évolution probable des ressources et des besoins.

113. Indexation et variation de la rente. — Le texte précédent est inchangé.

Art. 276-2

Abrogé (déplacé en 280-2).

Art. 276-3

La prestation compensatoire fixée sous forme de rente peut être révisée, suspendue ou supprimée en cas de changement important dans les ressources ou les besoins de l'une ou l'autre des parties.

La révision ne peut avoir pour effet de porter la rente à un montant supérieur à celui fixé initialement par le juge.

114. Révision de la rente. — Innovation fondamentale de la loi du 30 juin 2000, ce texte ouvrant au débiteur une action en révision de la rente ne subit que trois légères modifications :

— il vise toutes les rentes, et non seulement celles qui sont viagères, de manière à pouvoir s'appliquer aux rentes temporaires qui ont pu être fixées avant la loi du 30 juin 2000 ou, même après, dans des conventions homologuées ;

— il précise que le changement important exigé peut concerner les besoins ou ressources de *« l'une ou l'autre »* des parties, pour lever une ambiguïté résultant de l'ancienne rédaction visant un changement de situation *« des parties »*, ce dont certains déduisaient qu'il fallait un double changement ;

— la référence à l'ouverture de l'action aux héritiers du débiteur est supprimée, l'ensemble de leur situation étant regroupée aux articles 280 et 280-1.

Art. 276-4

Le débiteur d'une prestation compensatoire sous forme de rente peut, à tout moment, saisir le juge d'une demande de substitution d'un capital à tout ou partie de la rente. La substitution s'effectue selon des modalités fixées par décret en Conseil d'État.

Le créancier de la prestation compensatoire peut former la même demande s'il établit qu'une modification de la situation du débiteur permet cette substitution, notamment hors de la liquidation du régime matrimonial.

Les modalités d'exécution prévues aux articles 274, 275 et 275-1 sont applicables. Le refus du juge de substituer un capital à tout ou partie de la rente doit être spécialement motivé.

115. Substitution d'un capital à la rente. — Institué par la loi du 30 juin 2000, ce mécanisme d'une extrême importance avait été défini de façon si vague qu'il était totalement abandonné à la diversité des perceptions que pouvaient s'en faire les juges du fond, tant en ce qui concerne la base de substitution que pour ce qui touche le pouvoir du juge de s'y opposer éventuellement. Son application restait chaotique et, en définitive, assez rare, nul demandeur ne sachant à quoi il s'exposait...

Le texte est profondément remanié pour permettre une mise en œuvre concrète et cohérente.

Sont concernées non pas seulement les rentes viagères visées par l'ancien texte, mais toutes les rentes, ce qui inclut les rentes temporaires allouées par le juge avant le 30 juin 2000 (ou après par erreur), ainsi que celles qui résultent d'une convention homologuée (laquelle peut, aujourd'hui comme hier, prévoir une rente temporaire, comme le précise expressément l'article 278).

116. La demande de substitution. — L'action est ouverte, sans modification :

— soit au débiteur *« à tout moment »*, et sans qu'il ait à justifier d'une quelconque condition : pas même de disposer de fonds suffisants (mais le juge pourra, sur ce motif, refuser la substitution au titre de l'alinéa 4) ;

— soit au créancier, mais à charge pour lui d'établir que la situation du débiteur a connu une modification depuis la décision initiale qui avait alloué la prestation sous forme de rente (ce qui est parfaitement logique pour les rentes antérieures à la loi de 2000 reposant en principe sur une impossibilité de verser un capital, mais l'est beaucoup moins pour les rentes postérieures reposant sur une autre logique liée à la seule situation du créancier) et que cette modification lui permet de se libérer en capital, notamment parce qu'il a reçu les disponibilités nécessaires lors de la liquidation du régime matrimonial (mais ce peut être aussi à l'occasion d'une succession, de la perception d'une indemnité de licenciement, etc.).

La demande peut tendre à une **substitution partielle**, ce que ne précisait pas le texte antérieur.

117. Refus de substitution. — Le texte antérieur ne prévoyait pas pour le juge de possibilité de refuser la substitution demandée, hormis dans la disposition transitoire de la loi du 30 juin 2000, par nature de portée limitée.

Il peut se révéler cependant des cas exceptionnels où ce refus serait fondé (les tribunaux ne se privaient d'ailleurs pas d'en décider). C'est pourquoi un alinéa 4 a été ajouté autorisant le juge à rejeter la demande de substitution, en totalité ou en partie, par un refus *« spécialement motivé »*.

Deux cas principaux viennent à l'esprit :

— celui où le débiteur ne dispose pas des moyens d'assurer le versement du capital à substituer, de sorte que sa demande tend surtout à être déchargé d'une obligation de nature alimentaire (saisissable sur salaires et pensions ou par paiement direct, etc.) par une dette de capital quasi ordinaire ;

— celui où le choix d'une rente a été dicté, comme il se doit désormais (art. 276) par la seule situation du débiteur ne pouvant subvenir à ses besoins ; il est évident que si cette rente pouvait, dès le lendemain du divorce, faire l'objet d'une substitution sans que le juge puisse s'y opposer, c'est l'article 276 lui-même qui se trouverait vidé de contenu réel.

118. Taux de substitution. — Il est renvoyé à un décret en Conseil d'État (dont le projet, communiqué aux parlementaires avant le vote de la loi, établit un barème fondé sur un taux de 4 % l'an pour les rentes viagères). Il restait à compléter pour les rentes temporaires.

On trouvera ci-après les tableaux qui ont été fournis aux parlementaires lors du vote de la loi (cf. annexe 3, p. 165).

119. Nature et régime du capital de substitution. — En disposant que *« les modalités d'exécution prévues aux articles 274, 275 et 275-1 sont applicables »*, l'alinéa 3 investit le mécanisme de substitution de tous les facteurs de souplesse prévus par ces textes :

— la substitution peut s'effectuer par attribution d'un droit réel (qu'il faudra naturellement évaluer pour apprécier la correspondance avec le barème précité) ;

— le capital substitué peut être échelonné dans les mêmes conditions qu'un capital initial (cf. *supra* n° 110), ce qui implique que cet échelonnement pourra à son tour être révisé... ;

— la substitution peut aboutir aux différents mixages précités (cf. *supra* art. 275-1), auquel s'en ajoute un : celui du maintien d'une fraction de la rente parallèlement aux diverses formes du capital substitué.

Art. 277

Indépendamment de l'hypothèque légale ou judiciaire, le juge peut imposer à l'époux débiteur de constituer un gage, de donner caution ou de souscrire un contrat garantissant le paiement de la rente ou du capital.

120. Constitution de garanties et prononcé subordonné du divorce. — Inchangé, ce texte permettant au juge d'exiger du débiteur des sûretés énumérées de façon limitative, dont les juges font un usage pour le moins modéré, attire l'attention dans sa combinaison avec l'article 274-1° qui permet au juge de subordonner le prononcé du divorce à la constitution de ces garanties.

Il faut souligner l'importance majeure que revêt(irait) la rédaction du dispositif du jugement mettant en œuvre cette faculté, et ce dans la perspective notamment de la transcription du divorce. Car s'il prononce le divorce tout en précisant qu'il reste conditionné par la fourniture des garanties, on ne peut laisser à l'officier d'état civil la charge d'apprécier cette fourniture et son caractère satisfactoire ou non. Il est donc important que le juge évite de se dessaisir et rende un jugement de sursis à statuer jusqu'à justification des garanties fournies, au vu desquelles il *« prononcera »* seulement le divorce.

Art. 278

En cas de divorce par consentement mutuel, les époux fixent le montant et les modalités de la prestation compensatoire dans la convention qu'ils soumettent à l'homologation du juge. Ils peuvent prévoir que le versement de la prestation cessera à compter de la réalisation d'un événement déterminé. La prestation peut prendre la forme d'une rente attribuée pour une durée limitée.

Le juge, toutefois, refuse d'homologuer la convention si elle fixe inéquitablement les droits et obligations des époux.

121. Fixation de la prestation dans le divorce par consentement mutuel. — Pur et simple maintien du texte antérieur, issu de la loi du 30 juin 2000, remarquable en ce qu'il permet aux époux de fixer des rentes temporaires (soit par fixation d'une durée, soit par prévision d'un événement extinctif, comme une mise à la retraite, un remariage, ou tout autre...).

Ce qui est surtout à noter, c'est que le maintien par ce texte des rentes temporaires peut trouver un champ élargi par le jeu de l'article 279-1 qui introduit la même souplesse dans les cas où, dans les autres formes de divorce, les époux concluent un accord partiel sur la prestation et le présentent à l'homologation de l'article 268.

Art. 279

La convention homologuée a la même force exécutoire qu'une décision de justice.

Elle ne peut être modifiée que par une nouvelle convention entre des époux, également soumise à l'homologation.

Les époux ont néanmoins la faculté de prévoir dans leur convention que chacun d'eux pourra, en cas de changement important dans les ressources ou les besoins de l'une ou l'autre des parties, demander au juge de réviser la prestation compensatoire. Les dispositions prévues aux deuxième et troisième alinéas de l'article 275 ainsi qu'aux articles 276-3 et 276-4 sont également applicables, selon que la prestation compensatoire prend la forme d'un capital ou d'une rente temporaire ou viagère.

Sauf disposition particulière de la convention, les articles 280 à 280-2 sont applicables.

122. Révision de la prestation convenue. — Objet de simples adaptations *« de coordination »*, ce texte constitue le siège du régime de révision des prestations incluses dans une convention homologuée.

Ce régime comporte trois volets :

— **révision convenue** : quelles que soient les dispositions initiales, les époux peuvent toujours leur substituer un nouvel accord (et ce, même si la convention l'interdisait, stipulation qui ne peut avoir valeur absolue) ; ce nouvel accord est subordonné à une nouvelle homologation par le juge aux affaires familiales ;

— **révision prévue** : la convention peut organiser les modalités d'une révision, laquelle, à défaut d'accord, en passera par une demande en justice ; à la vérité, une telle clause, qui avait auparavant pour effet d'élargir considérablement les cas de révision, ne semble plus désormais ajouter véritablement à la voie légale très élargie de l'article 276-3 (dont l'article 279 reprend d'ailleurs exactement les termes) que sur ce point : alors que la révision légale ne peut intervenir qu'à la baisse (art. 276-3 al. 2), on ne retrouve pas ici cette restriction de sorte qu'une révision demandée sur le fondement d'une clause de la convention pourrait conduire à une hausse (sauf *« stipulation cliquet »*) ;

— **révision légale** : les voies légales de révision (de la rente ou de l'échéancier de versement du capital), y compris par substitution d'un capital, sont expressément déclarées en toute occurrence applicables ; et il ne semble pas que la convention puisse les exclure à l'avance (l'alinéa 3 *in fine* ne réserve pas la possibilité de clause contraire, au rebours de ce que fait l'alinéa 4 au sujet des dispositions relatives aux conséquences du décès du débiteur).

En effet, à l'égard du nouveau régime mis en place pour modifier la prestation en cas de décès du débiteur par les articles 280 à 280-2, le dernier alinéa de l'article 279 permet de prévoir dans la convention qu'il ne s'appliquera pas.

Art. 279-1

Lorsqu'en application de l'article 268, les époux soumettent à l'homologation du juge une convention relative à la prestation compensatoire, les dispositions des articles 278 et 279 sont applicables.

123. Incursion du régime précité dans les autres formes de divorce. — C'est un important assouplissement qu'introduit ce texte, qui revient à permettre, par application de l'article 268, un *« mixage »* entre le divorce par consentement mutuel et les autres formes de divorce.

Ainsi, les facilités données aux époux par les deux textes précédents alors qu'elles ne sont pas ouvertes au juge (rentes temporaires, révisions élargies) peuvent trouver place dans les autres formes de divorce si, à l'égard de la prestation compensatoire, les époux passent un accord de l'article 268.

Art. 280

À la mort de l'époux débiteur, le paiement de la prestation compensatoire, quelle que soit sa forme, est prélevé sur la succession. Le paiement est supporté par tous les héritiers, qui n'y sont pas tenus personnellement, dans la limite de l'actif successoral et, en cas d'insuffisance, par tous les légataires particuliers, proportionnellement à leur émolument, sous réserve de l'application de l'article 927.

Lorsque la prestation compensatoire a été fixée sous forme d'un capital payable dans les conditions de l'article 275, le solde de ce capital indexé devient immédiatement exigible.

Lorsqu'elle a été fixée sous forme de rente, il lui est substitué un capital immédiatement exigible. La substitution s'effectue selon des modalités fixées par décret en Conseil d'État.

124. Décès du débiteur : principe du prélèvement sur l'actif successoral. — C'est un des pans nouveaux de la loi que d'instaurer un mécanisme d'apurement de la prestation compensatoire au décès du débiteur par la recherche d'un équilibre entre le constat qu'elle constitue un élément du passif de la succession et le souci qu'elle ne devienne pas une charge personnelle des héritiers.

Aussi est-il décidé dans ce texte nouveau :

— que les héritiers ne sont pas tenus personnellement à la prestation compensatoire ;

— que son paiement, quelle que soit sa forme, doit être prélevé sur la succession, avant toute attribution aux héritiers ;

— que si l'actif disponible ne suffit pas, il est procédé à la réduction des legs de façon proportionnelle, sauf à respecter l'ordre de réduction que le testateur aurait lui-même indiqué (c'est le sens de la réserve faite du jeu de l'article 927).

Le texte précise ensuite les modalités de ce prélèvement dans le cas où la prestation compensatoire en capital a fait l'objet d'un échelonnement : la partie non encore payée « *devient immédiatement exigible* », calculée avec le jeu de l'indexation.

Enfin, si la prestation compensatoire prenait la forme d'une rente (viagère ou temporaire), celle-ci est substituée par un capital selon le barème prévu par décret, capital qui est immédiatement exigible.

■

Art. 280-1

Par dérogation à l'article 280, les héritiers peuvent décider ensemble de maintenir les formes et modalités de règlement de la prestation compensatoire qui incombaient à l'époux débiteur, en s'obligeant personnellement au paiement de cette prestation. À peine de nullité, l'accord est constaté par un acte notarié. Il est opposable aux tiers à compter de sa notification à l'époux créancier lorsque celui-ci n'est pas intervenu à l'acte.

Lorsque les modalités de règlement de la prestation compensatoire ont été maintenues, les actions prévues au deuxième alinéa de l'article 275 et aux articles 276-3 et 276-4, selon que la prestation compensatoire prend la forme d'un capital ou d'une rente temporaire ou viagère, sont ouvertes aux héritiers du débiteur. Ceux-ci peuvent également se libérer à tout moment du solde du capital indexé lorsque la prestation compensatoire prend la forme prévue au premier alinéa de l'article 275.

125. Dérogation par accord des héritiers. — En considération notamment du cas où les héritiers sont les enfants communs du débiteur défunt et du créancier, la loi permet à ces héritiers d'écarter le mécanisme précédent pour maintenir la prestation dans ses modalités de règlement.

Mais cette décision doit être prise ensemble par tous les héritiers, et constatée par acte notarié.

Elle a en effet pour conséquence de réintroduire le droit commun, à savoir qu'ayant accepté la succession, ces héritiers deviennent personnellement obligés (d'où il se déduit que l'accord des héritiers qui renoncent à la succession n'est pas nécessaire).

Par application de l'article 1220, chacun n'est tenu que pour sa part.

Le créancier n'est pas appelé à donner son accord : il suffit, s'il n'y est pas présent, que l'acte lui soit notifié pour lui être « *opposable* », ce qui implique qu'il peut être décidé contre son gré.

126. Révision demandée par les héritiers. — L'alinéa 2 du texte ouvre aux héritiers qui sont devenus personnellement débiteurs de la prestation compensatoire les actions en révision ou substitution des articles 275, 276-3 et 276-4.

Du fait de la division des dettes successorales, chacun n'étant tenu que pour sa part dans la succession, il se pourra que les situations respectives des héritiers connaissent des évolutions différentes : le « *changement important* » requis pour la révision des articles 275 et 276-3 devra donc s'apprécier individuellement pour chacun d'eux. Et la prestation compensatoire pourra donc en définitive être composée de fractions soumises à des régimes différents.

Art. 280-2

Les pensions de réversion éventuellement versées du chef du conjoint décédé sont déduites de plein droit du montant de la prestation compensatoire, lorsque celle-ci, au jour du décès, prenait la forme d'une rente. Si les héritiers usent de la faculté prévue à l'article 280-1 et sauf décision contraire du juge, une déduction du même montant continue à être opérée si le créancier perd son droit ou subit une variation de son droit à pension de réversion.

127. Réduction par imputation des pensions de réversion. — En cas de prestation sous forme de rente, le montant de celle-ci est diminué des pensions de réversion que le décès du débiteur peut ouvrir au profit du créancier, comme le prévoyait déjà l'ancien article 276-2 issu de la loi du 30 juin 2000.

Cette déduction doit se faire avant la substitution du capital immédiatement exigible en principe.

Elle se fait aussi dans le cas où les héritiers ont décidé du maintien de la rente, et continue de sortir effet même si, par la suite, le créancier perd son droit à réversion ou subit une diminution. Toutefois, ce maintien ne se fait que sauf décision contraire du juge : celui-ci peut donc être saisi par le créancier qui perd en tout ou partie sa pension de réversion, afin d'obtenir le rétablissement de la rente compensatoire dans son montant initial.

Art. 281

Les transferts et abandons prévus au présent paragraphe sont, quelles que soient leurs modalités de versement, considérés comme participant du régime matrimonial. Ils ne sont pas assimilés à des donations.

128. Prestations ne sont pas donations. — Ce texte reprend celui de l'ancien article 280, en y apportant la précision que cette disposition concerne toutes les modalités de prestations. En dehors d'une portée fiscale réduite par les textes spécifiques, cette disposition a essentiellement pour objet, au plan civil, de faire échapper les prestations convenues à une requalification en donations qui pourrait les exposer à une action en réduction des héritiers réservataires, ou encore à une action paulienne élargie ou à une action au titre des nullités de la période suspecte en cas de « *faillite* » du débiteur.

Art. 282 à 285

Abrogés, non remplacés.

§ 4. Du logement

Art. 285-1

Si le local servant de logement à la famille appartient en propre ou personnellement à l'un des époux, le juge peut le concéder à bail au conjoint qui exerce seul ou en commun l'autorité parentale sur un ou plusieurs de leurs enfants lorsque ceux-ci résident habituellement dans ce logement et que leur intérêt le commande.

Le juge fixe la durée du bail et peut le renouveler jusqu'à la majorité du plus jeune des enfants.

Le juge peut résilier le bail si des circonstances nouvelles le justifient.

129. Bail forcé. — Innovation de la loi de 1975, le bail forcé n'a été modifié que par la suppression de l'un des deux cas où il était prévu, à savoir au profit du conjoint défendeur dans le divorce pour rupture de la vie commune.

Pour l'autre cas, la loi n'a pas saisi l'occasion de l'étendre au logement qui était en communauté ou en indivision, considérant que le mécanisme de l'attribution préférentielle pouvait alors être mis en œuvre (juridiquement exacte, cette possibilité est cependant souvent impossible à mettre en œuvre économiquement).

On sait que cette disposition est très rarement appliquée en pratique. Un amendement tendant à l'étendre aux résidences secondaires a été rejeté.

Section 3

Des conséquences du divorce pour les enfants

Art. 286

Les conséquences du divorce pour les enfants sont réglées selon les dispositions du chapitre 1er du titre IX du présent livre.

130. Simple renvoi. — Maintien du renvoi instauré par la loi du 4 mars 2002 ayant transféré au chapitre sur l'autorité parentale les mesures concernant les conséquences du divorce des parents, unifiées avec celles relatives aux effets de toute séparation entre parents, mariés ou non.

CHAPITRE IV

DE LA SÉPARATION DE CORPS

Section 1

Des cas et de la procédure de la séparation de corps

Art. 296

La séparation de corps peut être prononcée à la demande de l'un des époux dans les mêmes cas et aux mêmes conditions que le divorce.

131. Maintien du parallélisme. — Inchangé, l'article 296 perpétue l'identité des cas de séparation de corps et de divorce.

Art. 297

L'époux contre lequel est présentée une demande en divorce peut former une demande reconventionnelle en séparation de corps. Toutefois, lorsque la demande principale en divorce est fondée sur l'altération définitive du lien conjugal, la demande reconventionnelle ne peut tendre qu'au divorce. L'époux contre lequel est présentée une demande en séparation de corps peut former une demande reconventionnelle en divorce.

132. Demandes reconventionnelles. — La possibilité de demandes reconventionnelles en séparation de corps sur une demande en divorce est maintenue sous réserve d'une restriction : elle n'est pas ouverte lorsque cette demande principale est fondée sur l'altération définitive du lien conjugal, et ce pour éviter un blocage de l'action en divorce (rappelons que cette demande reconventionnelle, si elle est fondée sur la faute, doit être examinée en priorité : art. 246).

La reconvention inverse (divorce sur séparation de corps) est toujours possible.

Art. 297-1

Lorsqu'une demande en divorce et une demande en séparation de corps sont concurremment présentées, le juge examine en premier lieu la demande en divorce. Il prononce celui-ci dès lors que les conditions en sont réunies. À défaut, il statue sur la demande en séparation de corps.

Toutefois, lorsque ces demandes sont fondées sur la faute, le juge les examine simultanément et, s'il les accueille, prononce à l'égard des deux conjoints le divorce aux torts partagés.

133. Priorité de la demande en divorce. — Logiquement puisqu'elle conduira au prononcé du divorce et qu'une séparation de corps sera alors sans objet, l'article 297-1 donne priorité à l'examen de la demande en divorce, sauf dans le cas où les deux sont fondées sur la faute.

Ce n'est que s'il rejette la demande en divorce (examinée prioritairement ou simultanément) que le juge peut prononcer la séparation de corps.

Art. 298

En outre, les règles contenues à l'article 228 ainsi qu'au chapitre II ci-dessus sont applicables à la procédure de la séparation de corps.

134. Identité de procédure. — Ce texte maintient le renvoi aux dispositions sur le divorce en ce qui concerne la procédure.

Section 2

Des conséquences de la séparation de corps

Art. 299

La séparation de corps ne dissout pas le mariage mais elle met fin au devoir de cohabitation.

135. Définition maintenue. — Purement inchangé, le texte maintient que seul le devoir de cohabitation est levé par la séparation de corps.

Est donc conservée la persistance du devoir de fidélité.

Art. 300

Chacun des époux séparés conserve l'usage du nom de l'autre. Toutefois, le jugement de séparation de corps ou un jugement postérieur peut, compte tenu des intérêts respectifs des époux, le leur interdire.

136. Nom des époux. — L'article 300 est reconduit, sous la seule réserve d'une bilatéralisation identique à celle de l'article 264.

Art. 301

En cas de décès de l'un des époux séparés de corps, l'autre époux conserve les droits que la loi accorde au conjoint survivant. Lorsque la séparation de corps est prononcée par consentement mutuel, les époux peuvent inclure dans leur convention une renonciation aux droits successoraux qui leur sont conférés par les articles 756 à 757-3 et 764 à 766.

137. Droits successoraux. — Importante nouveauté, plus aucun cas de figure du prononcé de la séparation ne vient priver l'un ou l'autre des époux — qui le demeurent — des droits que la loi confère au conjoint survivant dans la succession du prémourant.

Disparaissent donc les déchéances attachées aux torts exclusifs ou à la position de demandeur pour rupture de la vie commune.

Comme l'ancienne formule légale était reproduite dans de très nombreux textes (voir à titre de simple exemple les articles L. 121-2 et L. 123-6 du Code de la propriété intellectuelle pour la dévolution spéciale des droits d'auteur) ainsi que dans beaucoup de conventions et statuts (d'organismes de retraite notamment au sujet du droit à réversion), la question ne manquera pas de se poser de savoir si la modification de l'article 301 doit être répercutée par mimétisme ou si ces simples *« recopiages »* d'un texte depuis lors disparu doivent conserver valeur autonome. Il n'est pas certain que cette question reçoive une réponse uniforme car, même recopiée sur la loi, une convention conserve sa valeur et son économie propres tandis qu'un autre texte légal peut plus facilement apparaître comme une simple déclinaison du texte *« matrice »* dont le changement se répercute même sans adaptation expresse.

138. Convention contraire dans le cadre d'une séparation de corps par consentement mutuel. — Par une dérogation remarquable au principe de prohibition des pactes sur succession future, il est permis aux époux d'inclure dans la convention homologuée une renonciation aux droits successoraux.

Il n'est pas précisé si cette renonciation doit être nécessairement réciproque ou si elle peut ne concerner que la succession de l'un des époux.

En revanche, il ne semble pas douteux qu'elle puisse être simplement partielle et ne viser que certains droits successoraux.

Art. 302

La séparation de corps entraîne toujours séparation de biens.
En ce qui concerne les biens, la date à laquelle la séparation de corps produit ses effets est déterminée conformément aux dispositions des articles 262 à 262-2.

139. Séparation de biens consécutive. — Inchangé dans son libellé, ce texte subit dans sa portée le contrecoup de la modification des articles 262 à 262-2 auxquels il se réfère : ce n'est plus au jour de l'assignation qu'est fixée la date de dissolution de la communauté, mais à celui de l'ordonnance de non-conciliation (cf. *supra* n° 89), avec report antérieur possible dans les nouvelles conditions de l'article 262-2 (cf. *supra* n° 90).

Rien n'est dit des opérations de liquidation de cette communauté et aucun renvoi n'est fait aux articles 267 et suivants qui entendent faciliter et accélérer ces opérations. On peut penser que, par identité de raisons, ces dispositions doivent ici être appliquées. Mais, inversement, on peut aussi soutenir que, comme le mariage lui-même subsiste, les époux disposent de la faculté de rester en l'état. À la réflexion, la première réponse paraît préférable, dans la mesure où le système nouvellement mis en place par les textes précités a surtout pour objet de vaincre l'obstruction unilatérale de l'un des époux (cf. *supra* n° 101).

Art. 303

La séparation de corps laisse subsister le devoir de secours ; le jugement qui la prononce ou un jugement postérieur fixe la pension alimentaire qui est due à l'époux dans le besoin.

Cette pension est attribuée sans considération des torts. L'époux débiteur peut néanmoins invoquer, s'il y a lieu, les dispositions de l'article 207, alinéa 2.

Cette pension est soumise aux règles des obligations alimentaires.

Toutefois, lorsque la consistance des biens de l'époux débiteur s'y prête, la pension alimentaire est remplacée, en tout ou partie, par la constitution d'un capital, selon les règles des articles 274 à 275-1, 277 et 281. Si ce capital devient insuffisant pour couvrir les besoins du créancier, celui-ci peut demander un complément sous forme de pension alimentaire.

140. Devoir de secours et mise en œuvre. — Si les trois premiers alinéas ne sont que la reproduction de l'ancien article 303, les deux derniers sont nouveaux.

Que la pension soit soumise aux règles des obligations alimentaires n'est que la précision d'une règle qui ne souffrait aucun doute.

En revanche, le dernier alinéa innove en permettant de donner à la pension la forme de la constitution d'un capital selon les mêmes modalités qu'une prestation compensatoire (reprise de ce qui était prévu pour la survie du devoir de secours par l'ancien article 285 dans le divorce pour rupture de la vie commune). Mais le maintien du devoir de secours, avec son caractère variable, se traduit par la possibilité de demander une pension complémentaire si le capital devient insuffisant (*quid* s'il devient excessif ?).

Art. 304

Sous réserve des dispositions de la présente section, les conséquences de la séparation de corps obéissent aux mêmes règles que les conséquences du divorce énoncées au chapitre III ci-dessus.

141. Renvoi subsidiaire aux autres effets du divorce. — Le texte est inchangé et semble ne concerner concrètement que les conséquences relatives aux enfants.

Section 3

De la fin de la séparation de corps

Art. 305

La reprise volontaire de la vie commune met fin à la séparation de corps. Pour être opposable aux tiers, celle-ci doit, soit être constatée par acte notarié, soit faire l'objet d'une déclaration à l'officier d'état civil. Mention en est faite en marge de l'acte de mariage des époux, ainsi qu'en marge de leurs actes de naissance.

La séparation de biens subsiste sauf si les époux adoptent un nouveau régime matrimonial suivant les règles de l'article 1397.

142. Reprise de la vie commune. — Rien n'est modifié quant à cette reprise, aux conditions pour qu'elle soit opposable aux tiers et à l'absence de résurrection du régime matrimonial initial.

Art. 306

À la demande de l'un des époux, le jugement de séparation de corps est converti de plein droit en jugement de divorce quand la séparation de corps a duré deux ans.

143. Conversion en divorce. — Le droit à la conversion de la séparation de corps en divorce est ouvert comme auparavant, mais le délai requis est réduit de trois à deux ans.

En fait, le divorce pourra désormais intervenir plus tôt par le jeu du divorce pour altération, puisqu'il a toujours été admis que la séparation de corps n'empêche pas de former une demande en divorce autonome, et que le délai de ce cas de divorce, s'il est de deux ans également, aura commencé à courir dès l'ordonnance de non-conciliation au plus tard.

En définitive, l'abrègement du délai requis dans cette forme de divorce et la neutralité de ses effets auront vraisemblablement pour conséquence que les demandes de conversion de séparation de corps en divorce deviendront plus rares du seul fait que le divorce aura pu être demandé entre-temps sans risque de pénalités pour le demandeur (et même avec des avantages si la séparation de corps a été prononcée à ses torts exclusifs car il est alors affranchi des quelques charges qui restent attachées à ces torts, comme les dommages-intérêts exceptionnels de l'article 266).

Art. 307

Dans tous les cas de séparation de corps, celle-ci peut être convertie en divorce par consentement mutuel.

Quand la séparation de corps a été prononcée par consentement mutuel, elle ne peut être convertie en divorce que par une nouvelle demande conjointe.

144. Cas particulier de la séparation de corps par consentement mutuel. — La disposition malheureuse de l'article 307 qui interdit la conversion de cette forme de séparation autrement que par un nouveau consentement mutuel, dont on sait qu'elle avait entièrement tari en pratique ce type de séparation de corps « *prison* », a été reconduite.

Mais elle ne présente plus les mêmes inconvénients dès lors qu'un divorce autonome pour altération pourra être demandé avant même le délai de deux ans, comme il a été précédemment indiqué (cf. *supra* n° 143).

Art. 308

Du fait de la conversion, la cause de la séparation de corps devient la cause du divorce ; l'attribution des torts n'est pas modifiée.

Le juge fixe les conséquences du divorce. Les prestations et pensions entre époux sont déterminées selon les règles propres au divorce.

145. Effets de la conversion. — L'article 308 transposant au divorce sur conversion les conséquences attachées à la cause de la séparation de corps est inchangé.

Rappelons que, par le biais d'une demande autonome pour altération, les rares effets propres à un divorce pour faute exclusive pourront être contournés (cf. *supra* n° 143).

CHAPITRE V

AUTRES TEXTES CIVILS

Art. 1096

La donation de biens à venir faite entre époux pendant le mariage sera toujours révocable.

La donation de biens présents faite entre époux ne sera révocable que dans les conditions prévues par les articles 953 à 958.

Les donations faites entre époux de biens présents ou de biens à venir ne sont pas révoquées par la survenance d'enfants.

146. Donations entre époux pendant le mariage : nouveau régime. — Réclamée depuis longtemps, la modification de l'article 1096 qui frappait de précarité toutes les donations entre époux faites durant le mariage en les rendant révocables à tout moment (y compris donc après un divorce) est enfin intervenue. La raison d'être de cette règle particulière — dérogatoire au principe *« donner et retenir ne vaut »* — qui résidait dans le souci de ne pas ouvrir aux époux la possibilité de contourner par des donations le principe d'immutabilité du régime matrimonial, a en effet perdu sinon la totalité, du moins l'essentiel de sa force depuis la réforme de 1965 ayant beaucoup amenuisé ce principe. Or les inconvénients du caractère librement révocable des donations ont, quant à eux, conservé leur vigueur, qui a même augmenté : outre que la notion même de donation est plus qu'altérée par une libre révocabilité, la possibilité d'y procéder postérieurement au divorce, et donc après fixation de la prestation compensatoire, ouvrait le moyen d'une manœuvre maintes fois dénoncée composée de deux temps : ne rien contester lors du divorce et conduire en conséquence le juge à évaluer la prestation sur la base des patrimoines après la donation ; puis, une fois devenue définitive la décision fixant sur cette base une prestation faible ou même la refusant, procéder à la révocation et bouleverser ainsi après-coup — mais trop tard — toutes les données d'évaluation.

Le nouveau régime établit une distinction entre les donations de biens présents et celles portant sur des biens à venir :

— les donations de biens présents cessent d'être librement révocables et rejoignent ainsi le droit commun, qui ne permet la révocation que pour les causes déterminées aux articles 953 à 958 (inexécution des conditions et ingratitude, la survenance d'enfant étant ici écartée) ; comme le nouvel article 265 supprime les déchéances-sanctions attachées auparavant à certains types de divorce, les donations faites au cours du mariage demeurent acquises, tout comme celles qui avaient pu être consenties lors de sa conclusion ;

— les donations de biens à venir (pour cause de mort) sont quant à elles toujours révocables et l'on sait que le divorce emporte désormais leur révocation de plein droit, quelle que soit la forme et l'économie de son prononcé, sauf déclaration expresse de maintien constatée par le juge (cf. *supra* n° 96).

Sur l'application éventuelle de cette modification aux donations antérieures, voir *supra* n° 22.

Art. 1099

Les époux ne pourront se donner indirectement au-delà de ce qui leur est permis par les dispositions ci-dessus.

147. Suppression de la nullité des donations déguisées entre époux. — Pour les mêmes raisons que la libre révocabilité, la nullité des donations déguisées entre époux est supprimée, suppression qui ne peut sans doute pas concerner celles effectuées avant le 1er janvier 2005 (cf. *supra* n° 22).

Art. 1442

Il ne peut y avoir lieu à la continuation de la communauté, malgré toutes conventions contraires.

Les époux peuvent, l'un ou l'autre, demander, s'il y a lieu, que, dans leurs rapports mutuels, l'effet de la dissolution soit reporté à la date où ils ont cessé de cohabiter et de collaborer.

148. Alignement sur le nouvel article 262-1 alinéa 2. — Même en l'absence d'un divorce, c'est-à-dire quand la communauté est dissoute soit par le jeu d'une séparation de corps, soit même par le décès de l'un des époux, le report de ses effets au jour de la séparation des époux peut être demandé.

Comme dans le cadre de l'article 262-1, la loi supprime la déchéance qui frappait à cet égard l'époux auquel incombaient les *« torts »* principaux de la séparation, évitant que dans ce cadre aussi s'instaure un débat en termes de faute.

Art. 1451

Les conventions passées en application de l'article 265-2 sont suspendues, quant à leurs effets, jusqu'au prononcé du divorce ; elles ne peuvent être exécutées, même dans les rapports entre époux, que lorsque le jugement a pris force de chose jugée.

L'un des époux peut demander que le jugement de divorce modifie la convention si les conséquences du divorce fixées par ce jugement remettent en cause les bases de la liquidation et du partage.

149. Conventions de l'article 265-2 : date d'effet. — On sait que l'ancien article 1450, envisageant les conventions liquidatives passées par les époux pendant l'instance en divorce, a été déplacé à l'article 265-2 pour figurer parmi les effets généraux du divorce. Ce déplacement en élargit la portée puisqu'il n'est plus enfermé dans le cadre du régime de communauté dont relevait l'article 1450.

Curieusement, l'article 1451 n'a pas suivi le précédent dans cette migration, alors pourtant qu'il n'a d'autre objet que de préciser la date d'effet des conventions en cause, suspendues jusqu'au prononcé du divorce (il faut entendre prononcé définitif selon les précisions données à propos de l'article 260 pour le cas d'exercice de voies de recours).

Il faut peut-être en déduire que les conventions passées en application de l'article 265-2 pour la liquidation d'un régime non communautaire ne seraient pas suspendues jusqu'au prononcé du divorce.

Art. 1477

Celui des époux qui aurait diverti ou recelé quelques effets de la communauté est privé de sa portion dans lesdits effets.

De même, celui qui aurait dissimulé sciemment l'existence d'une dette commune doit l'assumer définitivement.

150. Recel de dettes. — Simple ajout d'un nouveau cas de recel concernant non plus un élément d'actif de la communauté, mais un élément de passif.

La dette dissimulée restera à la charge de l'époux qui l'a dissimulée (et donc contractée).

Cela n'empêche évidemment pas le créancier d'agir selon le droit commun contre l'autre : c'est donc au stade de la charge définitive de la dette que pourra jouer la sanction, sans rien modifier au stade premier de l'obligation (sauf à démontrer une complicité du créancier pouvant entraîner la nullité prévue à l'article 262-2).

ANNEXES

ANNEXE 1

Loi n° 2004-439 du 26 mai 2004 relative au divorce

(*JO* n° 122 du 27 mai 2004 page 9319)

[...]

TITRE Ier

DISPOSITIONS MODIFIANT LE CODE CIVIL

Art. 1

L'article 229 du Code civil est ainsi rédigé :

« Art. 229. — Le divorce peut être prononcé en cas :

« — soit de consentement mutuel ;

« — soit d'acceptation du principe de la rupture du mariage ;

« — soit d'altération définitive du lien conjugal ;

« — soit de faute. »

Chapitre Ier

Des cas de divorce

Art. 2

I. — Dans la section 1 du chapitre Ier du titre VI du livre Ier du Code civil, les divisions : « Paragraphe 1er » et « Paragraphe 2 » et leurs intitulés sont supprimés.

II. — Cette section comprend deux articles 230 et 232 ainsi rédigés :

« Art. 230. — Le divorce peut être demandé conjointement par les époux lorsqu'ils s'entendent sur la rupture du mariage et ses effets en soumettant à l'approbation du juge une convention réglant les conséquences du divorce.

« Art. 232. — Le juge homologue la convention et prononce le divorce s'il a acquis la conviction que la volonté de chacun des époux est réelle et que leur consentement est libre et éclairé.

« Il peut refuser l'homologation et ne pas prononcer le divorce s'il constate que la convention préserve insuffisamment les intérêts des enfants ou de l'un des époux. »

Art. 3

I. — L'intitulé de la section 2 du chapitre Ier du titre VI du livre Ier du Code civil est ainsi rédigé : « Du divorce accepté ».

II. — Cette section comprend deux articles 233 et 234 ainsi rédigés :

« Art. 233. — Le divorce peut être demandé par l'un ou l'autre des époux ou par les deux lorsqu'ils acceptent le principe de la rupture du mariage sans considération des faits à l'origine de celle-ci.

« Cette acceptation n'est pas susceptible de rétractation, même par la voie de l'appel.

« Art. 234. — S'il a acquis la conviction que chacun des époux a donné librement son accord, le juge prononce le divorce et statue sur ses conséquences. »

Art. 4

I. — Avant l'article 237 du Code civil, il est inséré une section 3 intitulée : « Du divorce pour altération définitive du lien conjugal ».

II. — Cette section comprend deux articles 237 et 238 ainsi rédigés :

« Art. 237. — Le divorce peut être demandé par l'un des époux lorsque le lien conjugal est définitivement altéré.

« Art. 238. — L'altération définitive du lien conjugal résulte de la cessation de la communauté de vie entre les époux, lorsqu'ils vivent séparés depuis deux ans lors de l'assignation en divorce.

« Nonobstant ces dispositions, le divorce est prononcé pour altération définitive du lien conjugal dans le cas prévu au second alinéa de l'article 246, dès lors que la demande présentée sur ce fondement est formée à titre reconventionnel. »

Art. 5

I. — Après l'article 238 du Code civil, il est inséré une section 4 intitulée : « Du divorce pour faute », qui comprend les articles 242, 244, 245, 245-1, tel qu'il résulte de l'article 6, et 246.

II. — L'article 242 du même code est ainsi rédigé :

« Art. 242. — Le divorce peut être demandé par l'un des époux lorsque des faits constitutifs d'une violation grave ou renouvelée des devoirs et obligations du mariage sont imputables à son conjoint et rendent intolérable le maintien de la vie commune. »

III. — L'article 246 du même code est ainsi rédigé :

« Art. 246. — Si une demande pour altération définitive du lien conjugal et une demande pour faute sont concurremment présentées, le juge examine en premier lieu la demande pour faute.

« S'il rejette celle-ci, le juge statue sur la demande en divorce pour altération définitive du lien conjugal. »

Art. 6

Les articles 247, 248-1, 251, 252, 252-1, 252-2, 252-3, le second alinéa de l'article 271, les articles 275-1, 276-2, 280 et 1450 du Code civil deviennent respectivement les articles 228, 245-1, 252, 252-1, 252-2, 252-3, 252-4, 272, 275, 280-2, 281 et 265-2.

Art. 7

I. — Après l'article 246 du Code civil, il est inséré une section 5 intitulée : « Des modifications du fondement d'une demande en divorce ».

II. — Cette section comprend trois articles 247, 247-1 et 247-2 ainsi rédigés :

« Art. 247. — Les époux peuvent, à tout moment de la procédure, demander au juge de constater leur accord pour voir prononcer leur divorce par consentement mutuel en lui présentant une convention réglant les conséquences de celui-ci.

« Art. 247-1. — Les époux peuvent également, à tout moment de la procédure, lorsque le divorce aura été demandé pour altération définitive du lien conjugal ou pour faute, demander au juge de constater leur accord pour voir prononcer le divorce pour acceptation du principe de la rupture du mariage.

« Art. 247-2. — Si, dans le cadre d'une instance introduite pour altération définitive du lien conjugal, le défendeur demande reconventionnellement le divorce pour faute, le demandeur peut invoquer les fautes de son conjoint pour modifier le fondement de sa demande. »

Chapitre II
De la procédure du divorce

Art. 8

Les articles 249, 249-3 et 249-4 du Code civil sont ainsi modifiés :

1° Le premier alinéa de l'article 249 est ainsi rédigé :

« Si une demande en divorce doit être formée au nom d'un majeur en tutelle, elle est présentée par le tuteur, avec l'autorisation du conseil de famille s'il a été institué ou du juge des tutelles. Elle est formée après avis du médecin traitant et, dans la mesure du possible, après audition de l'intéressé, selon le cas, par le conseil de famille ou le juge. » ;

2° L'article 249-3 est complété par une phrase ainsi rédigée :

« Toutefois, le juge peut prendre les mesures provisoires prévues aux articles 254 et 255 et les mesures urgentes prévues à l'article 257. » ;

3° À l'article 249-4, après les mots : « par consentement mutuel », sont insérés les mots : « ou pour acceptation du principe de la rupture du mariage ».

Art. 9

I. — L'intitulé de la section 2 du chapitre II du titre VI du livre Ier du Code civil est ainsi rédigé : « De la procédure applicable au divorce par consentement mutuel ».

II. — Cette section comprend quatre articles 250, 250-1, 250-2 et 250-3 ainsi rédigés :

« Art. 250. — La demande en divorce est présentée par les avocats respectifs des parties ou par un avocat choisi d'un commun accord.

« Le juge examine la demande avec chacun des époux, puis les réunit. Il appelle ensuite le ou les avocats.

« Art. 250-1. — Lorsque les conditions prévues à l'article 232 sont réunies, le juge homologue la convention réglant les conséquences du divorce et, par la même décision, prononce celui-ci.

« Art. 250-2. — En cas de refus d'homologation de la convention, le juge peut cependant homologuer les mesures provisoires au sens des articles 254 et 255 que les parties s'accordent à prendre jusqu'à la date à laquelle le jugement de divorce passe en force de chose jugée, sous réserve qu'elles soient conformes à l'intérêt du ou des enfants.

« Une nouvelle convention peut alors être présentée par les époux dans un délai maximum de six mois.

« Art. 250-3. — À défaut de présentation d'une nouvelle convention dans le délai fixé à l'article 250-2 ou si le juge refuse une nouvelle fois l'homologation, la demande en divorce est caduque. »

Art. 10

I. — L'intitulé de la section 3 du chapitre II du titre VI du livre Ier du Code civil est ainsi rédigé : « De la procédure applicable aux autres cas de divorce ».

Cette section comprend les articles 251 à 259-3.

II. — Il est inséré dans cette section un paragraphe 1er intitulé : « De la requête initiale », qui comprend l'article 251 ainsi rédigé :

« Art. 251. — L'époux qui forme une demande en divorce présente, par avocat, une requête au juge, sans indiquer les motifs du divorce. »

Art. 11

I. — Après l'article 251 du Code civil, il est inséré un paragraphe 2 intitulé : « De la conciliation », qui comprend les articles 252, 252-1, 252-2, 252-3, 252-4 et 253.

II. — L'article 252 du même code, tel qu'il résulte de l'article 6, est ainsi modifié :

1° Au premier alinéa, les mots : « Quand le divorce est demandé pour rupture de la vie commune ou pour faute, » sont supprimés ;

2° Le deuxième alinéa est ainsi rédigé :

« Le juge cherche à concilier les époux tant sur le principe du divorce que sur ses conséquences. »

III. — L'article 252-1 du même code, tel qu'il résulte de l'article 6, est ainsi modifié :

1° Le deuxième alinéa est ainsi rédigé :

« Les avocats sont ensuite appelés à assister et à participer à l'entretien. » ;

2° Le troisième alinéa est ainsi rédigé :

« Dans le cas où l'époux qui n'a pas formé la demande ne se présente pas à l'audience ou se trouve hors d'état de manifester sa volonté, le juge s'entretient avec l'autre conjoint et l'invite à la réflexion. »

IV. — L'article 252-3 du même code, tel qu'il résulte de l'article 6, est ainsi rédigé :

« Art. 252-3. — Lorsque le juge constate que le demandeur maintient sa demande, il incite les époux à régler les conséquences du divorce à l'amiable.

« Il leur demande de présenter pour l'audience de jugement un projet de règlement des effets du divorce. À cet effet, il peut prendre les mesures provisoires prévues à l'article 255. »

V. — L'article 253 du même code est ainsi rédigé :

« Art. 253. — Les époux ne peuvent accepter le principe de la rupture du mariage et le prononcé du divorce sur le fondement de l'article 233 que s'ils sont chacun assistés par un avocat. »

Art. 12

I. — Après l'article 253 du Code civil, il est inséré un paragraphe 3 intitulé : « Des mesures provisoires », qui comprend les articles 254, 255, 256 et 257.

II. — L'article 254 du même code est ainsi rédigé :

« Art. 254. — Lors de l'audience prévue à l'article 252, le juge prescrit, en considération des accords éventuels des époux, les mesures nécessaires pour assurer leur existence et celle des enfants jusqu'à la date à laquelle le jugement passe en force de chose jugée. »

III. — L'article 255 du même code est ainsi rédigé :

« Art. 255. — Le juge peut notamment :

« 1° Proposer aux époux une mesure de médiation et, après avoir recueilli leur accord, désigner un médiateur familial pour y procéder ;

« 2° Enjoindre aux époux de rencontrer un médiateur familial qui les informera sur l'objet et le déroulement de la médiation ;

« 3° Statuer sur les modalités de la résidence séparée des époux ;

« 4° Attribuer à l'un d'eux la jouissance du logement et du mobilier du ménage ou partager entre eux cette jouissance, en précisant son caractère gratuit ou non et, le cas échéant, en constatant l'accord des époux sur le montant d'une indemnité d'occupation ;

« 5° Ordonner la remise des vêtements et objets personnels ;

« 6° Fixer la pension alimentaire et la provision pour frais d'instance que l'un des époux devra verser à son conjoint, désigner celui ou ceux des époux qui devront assurer le règlement provisoire de tout ou partie des dettes ;

« 7° Accorder à l'un des époux des provisions à valoir sur ses droits dans la liquidation du régime matrimonial si la situation le rend nécessaire ;

« 8° Statuer sur l'attribution de la jouissance ou de la gestion des biens communs ou indivis autres que ceux visés au 4°, sous réserve des droits de chacun des époux dans la liquidation du régime matrimonial ;

« 9° Désigner tout professionnel qualifié en vue de dresser un inventaire estimatif ou de faire des propositions quant au règlement des intérêts pécuniaires des époux ;

« 10° Désigner un notaire en vue d'élaborer un projet de liquidation du régime matrimonial et de formation des lots à partager. »

Art. 13

I. — Après l'article 257 du Code civil, il est inséré un paragraphe 4 intitulé : « De l'introduction de l'instance en divorce », qui comprend les articles 257-1, 257-2 et 258.

II. — Les articles 257-1 et 257-2 du même code sont ainsi rédigés :

« Art. 257-1. — Après l'ordonnance de non-conciliation, un époux peut introduire l'instance ou former une demande reconventionnelle pour acceptation du principe de la rupture du mariage, pour altération définitive du lien conjugal ou pour faute.

« Toutefois, lorsqu'à l'audience de conciliation les époux ont déclaré accepter le principe de la rupture du mariage et le prononcé du divorce sur le fondement de l'article 233, l'instance ne peut être engagée que sur ce même fondement.

« Art. 257-2. — À peine d'irrecevabilité, la demande introductive d'instance comporte une proposition de règlement des intérêts pécuniaires et patrimoniaux des époux. »

Art. 14

I. — La section 4 du chapitre II du titre VI du livre Ier du Code civil devient le paragraphe 5 de la section 3 du même chapitre.

II. — L'article 259 du même code est complété par une phrase ainsi rédigée :

« Toutefois, les descendants ne peuvent jamais être entendus sur les griefs invoqués par les époux. »

III. — L'article 259-1 du même code est ainsi rédigé :

« Art. 259-1. — Un époux ne peut verser aux débats un élément de preuve qu'il aurait obtenu par violence ou fraude. »

IV. — Au premier alinéa de l'article 259-3 du même codé, les mots : « désignés par lui » sont remplacés par les mots : « et autres personnes désignés par lui en application des 9° et 10° de l'article 255, ».

V. — À l'article 272 du même code, tel qu'il résulte de l'article 6, les mots : « dans la convention visée à l'article 278 » sont supprimés.

Chapitre III
Des conséquences du divorce

Art. 15

L'article 262-1 du Code civil est ainsi rédigé :

« Art. 262-1. — Le jugement de divorce prend effet dans les rapports entre les époux, en ce qui concerne leurs biens :

« — lorsqu'il est prononcé par consentement mutuel, à la date de l'homologation de la convention réglant l'ensemble des conséquences du divorce, à moins que celle-ci n'en dispose autrement ;

« — lorsqu'il est prononcé pour acceptation du principe de la rupture du mariage, pour altération définitive du lien conjugal ou pour faute, à la date de l'ordonnance de non-conciliation.

« À la demande de l'un des époux, le juge peut fixer les effets du jugement à la date à laquelle ils ont cessé de cohabiter et de collaborer. Cette demande ne peut être formée qu'à l'occasion de l'action en divorce. La jouissance du logement conjugal par un seul des époux conserve un caractère gratuit jusqu'à l'ordonnance de non-conciliation, sauf décision contraire du juge. »

Art. 16

Le paragraphe 1 de la section 2 du chapitre III du titre VI du livre Ier du Code civil comprend, outre les articles 263 et 265-2 tel qu'il résulte de l'article 6, trois articles 264, 265 et 265-1 ainsi rédigés :

« Art. 264. — À la suite du divorce, chacun des époux perd l'usage du nom de son conjoint.

« L'un des époux peut néanmoins conserver l'usage du nom de l'autre, soit avec l'accord de celui-ci, soit avec l'autorisation du juge, s'il justifie d'un intérêt particulier pour lui ou pour les enfants.

« Art. 265. — Le divorce est sans incidence sur les avantages matrimoniaux qui prennent effet au cours du mariage et sur les donations de biens présents quelle que soit leur forme.

« Le divorce emporte révocation de plein droit des avantages matrimoniaux qui ne prennent effet qu'à la dissolution du régime matrimonial ou au décès de l'un des époux et des dispositions à cause de mort, accordés par un époux envers son conjoint par contrat de mariage ou pendant l'union, sauf volonté contraire de l'époux qui les a consentis. Cette volonté est constatée par le juge au moment du prononcé du divorce et rend irrévocables l'avantage ou la disposition maintenus.

« Art. 265-1. — Le divorce est sans incidence sur les droits que l'un ou l'autre des époux tient de la loi ou des conventions passées avec des tiers. »

Art. 17

I. — Le paragraphe 2 de la section 2 du chapitre III du titre VI du livre Ier du Code civil est intitulé : « Des conséquences propres aux divorces autres que par consentement mutuel ».

II. — Il comprend quatre articles 266, 267, 267-1 et 268 ainsi rédigés :

« Art. 266. — Sans préjudice de l'application de l'article 270, des dommages et intérêts peuvent être accordés à un époux en réparation des conséquences d'une particulière gravité qu'il subit du fait de la dissolution du mariage soit lorsqu'il était défendeur à un divorce prononcé pour altération définitive du lien conjugal et qu'il n'avait lui-même formé aucune demande en divorce, soit lorsque le divorce est prononcé aux torts exclusifs de son conjoint.

« Cette demande ne peut être formée qu'à l'occasion de l'action en divorce.

« Art. 267. — À défaut d'un règlement conventionnel par les époux, le juge, en prononçant le divorce, ordonne la liquidation et le partage de leurs intérêts patrimoniaux.

« Il statue sur les demandes de maintien dans l'indivision ou d'attribution préférentielle.

« Il peut aussi accorder à l'un des époux ou aux deux une avance sur sa part de communauté ou de biens indivis.

« Si le projet de liquidation du régime matrimonial établi par le notaire désigné sur le fondement du 10° de l'article 255 contient des informations suffisantes, le juge, à la demande de l'un ou l'autre des époux, statue sur les désaccords persistant entre eux.

« Art. 267-1. — Si les opérations de liquidation et de partage ne sont pas achevées dans le délai d'un an après que le jugement de divorce est passé en force de chose jugée, le notaire transmet au tribunal un procès-verbal de difficultés reprenant les déclarations respectives des parties.

« Au vu de celui-ci, le tribunal peut accorder un délai supplémentaire d'une durée maximale de six mois.

« Si, à l'expiration de ce délai, les opérations ne sont toujours pas achevées, le notaire en informe le tribunal. Il établit, si les changements intervenus le rendent nécessaire, un nouveau procès-verbal.

« Le tribunal statue sur les contestations subsistant entre les parties et les renvoie devant le notaire afin d'établir l'état liquidatif.

« Art. 268. — Les époux peuvent, pendant l'instance, soumettre à l'homologation du juge des conventions réglant tout ou partie des conséquences du divorce.

« Le juge, après avoir vérifié que les intérêts de chacun des époux et des enfants sont préservés, homologue les conventions en prononçant le divorce. »

Art. 18

I. — L'article 270 du Code civil est ainsi rédigé :

« Art. 270. — Le divorce met fin au devoir de secours entre époux.

« L'un des époux peut être tenu de verser à l'autre une prestation destinée à compenser, autant qu'il est possible, la disparité que la rupture du mariage crée dans les conditions de vie respectives. Cette prestation a un caractère forfaitaire. Elle prend la forme d'un capital dont le montant est fixé par le juge.

« Toutefois, le juge peut refuser d'accorder une telle prestation si l'équité le commande, soit en considération des critères prévus à l'article 271, soit lorsque le divorce est prononcé aux torts exclusifs de l'époux qui demande le bénéfice de cette prestation, au regard des circonstances particulières de la rupture. »

II. — L'article 271 du même code est complété par huit alinéas ainsi rédigés :

« À cet effet, le juge prend en considération notamment :

« — la durée du mariage ;

« — l'âge et l'état de santé des époux ;

« — leur qualification et leur situation professionnelles ;

« — les conséquences des choix professionnels faits par l'un des époux pendant la vie commune pour l'éducation des enfants et du temps qu'il faudra encore y consacrer ou pour favoriser la carrière de son conjoint au détriment de la sienne ;

« — le patrimoine estimé ou prévisible des époux, tant en capital qu'en revenu, après la liquidation du régime matrimonial ;

« — leurs droits existants et prévisibles ;

« — leur situation respective en matière de pensions de retraite. »

III. — L'article 274 du même code est ainsi rédigé :

« Art. 274. — Le juge décide des modalités selon lesquelles s'exécutera la prestation compensatoire en capital parmi les formes suivantes :

« 1° Versement d'une somme d'argent, le prononcé du divorce pouvant être subordonné à la constitution des garanties prévues à l'article 277 ;

« 2° Attribution de biens en propriété ou d'un droit temporaire ou viager d'usage, d'habitation ou d'usufruit, le jugement opérant cession forcée en faveur du créancier. Toutefois, l'accord de l'époux débiteur est exigé pour l'attribution en propriété de biens qu'il a reçus par succession ou donation. »

IV. — L'article 275 du même code, tel qu'il résulte de l'article 6, est ainsi modifié :

1° Au premier alinéa, la référence : « 275 » est remplacée par la référence : « 274 », et les mots : « mensuels ou annuels » sont remplacés par le mot : « périodiques » ;

2° Au deuxième alinéa, le mot : « notable » est remplacé par le mot : « important » ;

3° Le troisième alinéa est supprimé ;

4° L'avant-dernier alinéa est ainsi rédigé :

« Le débiteur peut se libérer à tout moment du solde du capital indexé. » ;

5° Le dernier alinéa est complété par le mot : « indexé ».

V. — L'article 275-1 du même code est ainsi rétabli :

« Art. 275-1. — Les modalités de versement prévues au premier alinéa de l'article 275 ne sont pas exclusives du versement d'une partie du capital dans les formes prévues par l'article 274. »

VI. — L'article 276 du même code est ainsi rédigé :

« Art. 276. — À titre exceptionnel, le juge peut, par décision spécialement motivée, lorsque l'âge ou l'état de santé du créancier ne lui permet pas de subvenir à ses besoins, fixer la prestation compensatoire sous forme de rente viagère. Il prend en considération les éléments d'appréciation prévus à l'article 271.

« Le montant de la rente peut être minoré, lorsque les circonstances l'imposent, par l'attribution d'une fraction en capital parmi les formes prévues à l'article 274. »

VII. — L'article 276-4 du même code est ainsi modifié :

1° Les deux premiers alinéas sont remplacés par un alinéa ainsi rédigé :

« Le débiteur d'une prestation compensatoire sous forme de rente peut, à tout moment, saisir le juge d'une demande de substitution d'un capital à tout ou partie de la rente. La substitution s'effectue selon des modalités fixées par décret en Conseil d'État. »

2° Il est complété par un alinéa ainsi rédigé :

« Les modalités d'exécution prévues aux articles 274, 275 et 275-1 sont applicables. Le refus du juge de substituer un capital à tout ou partie de la rente doit être spécialement motivé. »

VIII. — Après l'article 279 du même code, il est inséré un article 279-1 ainsi rédigé :

« Art. 279-1. — Lorsqu'en application de l'article 268, les époux soumettent à l'homologation du juge une convention relative à la prestation compensatoire, les dispositions des articles 278 et 279 sont applicables. »

IX. — L'article 280 du même code est ainsi rédigé :

« Art. 280. — À la mort de l'époux débiteur, le paiement de la prestation compensatoire, quelle que soit sa forme, est prélevé sur la succession. Le paiement est supporté par tous les héritiers, qui n'y sont pas tenus personnellement, dans la limite de l'actif successoral et, en cas d'insuffisance, par tous les légataires particuliers, proportionnellement à leur émolument, sous réserve de l'application de l'article 927.

« Lorsque la prestation compensatoire a été fixée sous forme d'un capital payable dans les conditions de l'article 275, le solde de ce capital indexé devient immédiatement exigible.

« Lorsqu'elle a été fixée sous forme de rente, il lui est substitué un capital immédiatement exigible. La substitution s'effectue selon des modalités fixées par décret en Conseil d'État. »

X. — L'article 280-1 du même code est ainsi rédigé :

« Art. 280-1. — Par dérogation à l'article 280, les héritiers peuvent décider ensemble de maintenir les formes et modalités de règlement de la prestation compensatoire qui incombaient à l'époux débiteur, en s'obligeant personnellement au paiement de cette prestation. À peine de nullité, l'accord est constaté par un acte notarié. Il est opposable aux tiers à compter de sa notification à l'époux créancier lorsque celui-ci n'est pas intervenu à l'acte.

« Lorsque les modalités de règlement de la prestation compensatoire ont été maintenues, les actions prévues au deuxième alinéa de l'article 275 et aux articles 276-3 et 276-4, selon que la prestation compensatoire prend la forme d'un capital ou d'une rente temporaire ou viagère, sont ouvertes aux héritiers du débiteur. Ceux-ci peuvent également se libérer à tout moment du solde du capital indexé lorsque la prestation compensatoire prend la forme prévue au premier alinéa de l'article 275. »

Art. 19

Le paragraphe 5 de la section 2 du chapitre III du titre VI du livre Ier du Code civil devient le paragraphe 4. Il comprend un article 285-1 ainsi rédigé :

« Art. 285-1. — Si le local servant de logement à la famille appartient en propre ou personnellement à l'un des époux, le juge peut le concéder à bail au conjoint qui exerce seul ou en commun l'autorité parentale sur un ou plusieurs de leurs enfants lorsque ceux-ci résident habituellement dans ce logement et que leur intérêt le commande.

« Le juge fixe la durée du bail et peut le renouveler jusqu'à la majorité du plus jeune des enfants.

« Le juge peut résilier le bail si des circonstances nouvelles le justifient. »

Chapitre IV
De la séparation de corps

Art. 20

I. — Après la première phrase du premier alinéa de l'article 297 du code civil, il est inséré une phrase ainsi rédigée :

« Toutefois, lorsque la demande principale en divorce est fondée sur l'altération définitive du lien conjugal, la demande reconventionnelle ne peut tendre qu'au divorce. »

II. — Après l'article 297 du même code, il est inséré un article 297-1 ainsi rédigé :

« Art. 297-1. — Lorsqu'une demande en divorce et une demande en séparation de corps sont concurremment présentées, le juge examine en premier lieu la demande en divorce. Il prononce celui-ci dès lors que les conditions en sont réunies. À défaut, il statue sur la demande en séparation de corps.

« Toutefois, lorsque ces demandes sont fondées sur la faute, le juge les examine simultanément et, s'il les accueille, prononce à l'égard des deux conjoints le divorce aux torts partagés. »

III. — L'article 300 du même code est ainsi rédigé :

« Art. 300. — Chacun des époux séparés conserve l'usage du nom de l'autre. Toutefois, le jugement de séparation de corps ou un jugement postérieur peut, compte tenu des intérêts respectifs des époux, le leur interdire. »

IV. — Le troisième alinéa de l'article 303 du même code est remplacé par deux alinéas ainsi rédigés :

« Cette pension est soumise aux règles des obligations alimentaires.

« Toutefois, lorsque la consistance des biens de l'époux débiteur s'y prête, la pension alimentaire est remplacée, en tout ou partie, par la constitution d'un capital, selon les règles des articles 274 à 275-1, 277 et 281. Si ce capital devient insuffisant pour couvrir les besoins du créancier, celui-ci peut demander un complément sous forme de pension alimentaire. »

Chapitre V
Des biens des époux

Art. 21

I. — L'article 1096 du code civil est ainsi rédigé :

« Art. 1096. — La donation de biens à venir faite entre époux pendant le mariage sera toujours révocable.

« La donation de biens présents faite entre époux ne sera révocable que dans les conditions prévues par les articles 953 à 958.

« Les donations faites entre époux de biens présents ou de biens à venir ne sont pas révoquées par la survenance d'enfants. »

II. — La dernière phrase de l'article 1442 du même code est supprimée.

III. — Dans le premier alinéa de l'article 265-2 du même code, tel qu'il résulte de l'article 6, les mots : « de la communauté » sont remplacés par les mots : « de leur régime matrimonial ».

IV. — Le second alinéa de l'article 265-2 du même code, tel qu'il résulte de l'article 6, est ainsi rédigé :

« Lorsque la liquidation porte sur des biens soumis à la publicité foncière, la convention doit être passée par acte notarié. »

V. — Dans le premier alinéa de l'article 1451 du même code, les mots : « ainsi passées » sont remplacés par les mots : « passées en application de l'article 265-2 ».

VI. — Dans l'article 1518 du même code, les mots : « à moins que les avantages matrimoniaux n'aient été perdus de plein droit ou révoqués à la suite d'un jugement de divorce ou de séparation de corps, sans préjudice de l'application de l'article 268 » sont remplacés par les mots : « sous réserve de l'article 265 ».

VII. — L'article 1477 du même code est complété par un alinéa ainsi rédigé :

« De même, celui qui aurait dissimulé sciemment l'existence d'une dette commune doit l'assumer définitivement. »

Chapitre VI
Dispositions diverses

Art. 22

I. — Le troisième alinéa de l'article 220-1 du code civil est remplacé par deux alinéas ainsi rédigés :

« Lorsque les violences exercées par l'un des époux mettent en danger son conjoint, un ou plusieurs enfants, le juge peut statuer sur la résidence séparée des époux en précisant lequel des deux continuera à résider dans le logement conjugal. Sauf circonstances particulières, la jouissance de ce logement est attribuée au conjoint qui n'est pas l'auteur des violences. Le juge se prononce, s'il y a lieu, sur les modalités d'exercice de l'autorité parentale et sur la contribution aux charges du mariage. Les mesures prises sont caduques si, à l'expiration d'un délai de quatre mois à compter de leur prononcé, aucune requête en divorce ou en séparation de corps n'a été déposée.

« La durée des autres mesures prises en application du présent article doit être déterminée par le juge et ne saurait, prolongation éventuellement comprise, dépasser trois ans. »

II. — L'article 228 du même code, tel qu'il résulte de l'article 6, est inséré avant le chapitre Ier du titre VI du livre Ier du même code.

La première phrase du quatrième alinéa de cet article est ainsi rédigée :

« Il est également seul compétent, après le prononcé du divorce, quelle qu'en soit la cause, pour statuer sur les modalités de l'exercice de l'autorité parentale, sur la modification de la contribution à l'entretien et l'éducation des enfants et pour décider de confier ceux-ci à un tiers ainsi que sur la révision de la prestation compensatoire ou de ses modalités de paiement. »

III. — À l'article 245-1 du même code, tel qu'il résulte de l'article 6, les mots : « En cas de divorce pour faute, et » sont supprimés.

IV. — Au même article, les mots : « aux affaires familiales » sont supprimés.

V. — À l'article 256 du même code, les mots : « Les conséquences de la séparation pour les » sont remplacés par les mots : « Les mesures provisoires relatives aux ».

VI. — Le premier alinéa de l'article 276-3 du même code est ainsi rédigé :

« La prestation compensatoire fixée sous forme de rente peut être révisée, suspendue ou supprimée en cas de changement important dans les ressources ou les besoins de l'une ou l'autre des parties. »

VII. — À l'article 278 du même code, les mots : « demande conjointe » sont remplacés par les mots : « divorce par consentement mutuel ».

VIII. — L'article 279 du même code est ainsi modifié :

1° Dans la première phrase du dernier alinéa, les mots : « et les besoins » sont remplacés par les mots :

« ou les besoins de l'une ou l'autre. »

2° La dernière phrase du dernier alinéa est ainsi rédigée :

« Les dispositions prévues aux deuxième et troisième alinéas de l'article 275 ainsi qu'aux articles 276-3 et 276-4 sont également applicables, selon que la prestation compensatoire prend la forme d'un capital ou d'une rente temporaire ou viagère. »

3° Il est complété par un alinéa ainsi rédigé :

« Sauf disposition particulière de la convention, les articles 280 à 280-2 sont applicables. »

IX. — L'article 280-2 du même code, tel qu'il résulte de l'article 6, est ainsi modifié :

1° La première phrase est supprimée ;

2° Les mots : « de la rente versée au créancier » sont remplacés par les mots : « du montant de la prestation compensatoire, lorsque celle-ci, au jour du décès, prenait la forme d'une rente » ;

3° Le début de la dernière phrase est ainsi rédigé : « Si les héritiers usent de la faculté prévue à l'article 280-1 et sauf décision... (le reste sans changement). » ;

4° Après les mots : « du juge », la fin de la dernière phrase est ainsi rédigée : « , une déduction du même montant continue à être opérée si le créancier perd son droit ou subit une variation de son droit à pension de réversion. »

X. — Dans la première phrase de l'article 281 du même code, tel qu'il résulte de l'article 6, après le mot : « sont », sont insérés les mots : « , quelles que soient leurs modalités de versement, ».

XI. — À l'article 298 du même code, les mots : « au chapitre II » sont remplacés par les mots : « à l'article 228 ainsi qu'au chapitre II ».

XII. — L'article 301 du même code est ainsi modifié :

1° La deuxième phrase est supprimée ;

2° Dans la dernière phrase, les mots : « sur demande conjointe » sont remplacés par les mots : « par consentement mutuel ».

XIII. — À l'article 306 du même code, le mot : « trois » est remplacé par le mot : « deux ».

XIV. — À l'article 307 du même code, les mots : « par demande conjointe » et « sur demande conjointe » sont remplacés par les mots : « par consentement mutuel ».

XV. — Dans le dernier alinéa de l'article 1397-1 du même code, la référence : « 1450 » est remplacée par la référence : « 265-2 ».

Art. 23

I. — Sont abrogés :

1° Le chapitre VIII du titre V du livre Ier du code civil ;

2° Les articles 231, 235 et 236, 239 à 241, 243, 261 à 261-2, 264-1, 268-1 et 269, 273, 276-3 (troisième alinéa), 282 à 285, 297 (second alinéa), 309 et 1099 (second alinéa) du même code ;

3° Les articles 20 à 23 de la loi n° 2000-596 du 30 juin 2000 relative à la prestation compensatoire en matière de divorce ;

4° L'article 52 de la loi n° 93-22 du 8 janvier 1993 modifiant le code civil relative à l'état civil, à la famille et aux droits de l'enfant et instituant le juge aux affaires familiales.

II. — L'intitulé et la division : « Section 3. — Du divorce pour faute » du chapitre Ier du titre VI du livre Ier du Code civil sont abrogés.

TITRE II

DISPOSITIONS DIVERSES ET TRANSITOIRES

Art. 24

Dans le deuxième alinéa de l'article L. 262-35 du Code de l'action sociale et des familles, les références : « , 282, 334 » sont supprimées.

Art. 25

Le Code général des impôts est ainsi modifié :

1° L'article 80 quater est ainsi modifié :

a) La référence : « 275-1 » est remplacée par la référence : « 275 » ;

b) La référence : « ou 278 » est remplacée par les références : « , 278 ou 279-1 » ;

c) La référence : « 294 » est remplacée par la référence : « 373-2-3 » ;

2° Le premier alinéa du 2° du II de l'article 156 est ainsi modifié :

a) La référence : « et 367 » est remplacée par les références : « , 367 et 767 » ;

b) La référence : « 275-1 » est remplacée par la référence : « 275 » ;

c) La référence : « ou 278 » est remplacée par les références : « , 278 ou 279-1 » ;

d) La référence : « 294 » est remplacée par la référence : « 373-2-3 » ;

3° Dans la première phrase de l'article 757 A, la référence : « 294 » est remplacée par la référence : « 373-2-3 ».

Art. 26

L'article 199 octodecies du Code général des impôts est ainsi modifié :

1° Dans le premier alinéa du I, les mots : « mentionnés au 1 de l'article 275 du code civil et à l'article 275-1 du même code, s'ils sont effectués » sont remplacés par les mots : « et l'attribution de biens ou de droits effectués en exécution de la prestation compensatoire dans les conditions et selon les modalités définies aux articles 274 et 275 du code civil » et, après les mots : « sur une période », sont insérés les mots : « , conformément à la convention de divorce homologuée par le juge ou au jugement de divorce, » ;

2° Le deuxième alinéa du même paragraphe est remplacé par deux alinéas ainsi rédigés :

« La réduction d'impôt est égale à 25 % du montant des versements effectués, des biens ou des droits attribués, retenu pour la valeur fixée dans la convention de divorce homologuée par le juge ou par le jugement de divorce, et dans la limite d'un plafond égal à 30 500 euros apprécié par rapport à la période mentionnée au premier alinéa.

« Lorsque la prestation compensatoire prend la forme d'une rente conformément aux dispositions des articles 276, 278 et 279-1 du code civil, la substitution d'un capital aux arrérages futurs, versé ou attribué sur une période au plus égale à douze mois à compter de la date à laquelle le jugement prononçant la conversion est passé en force de chose jugée, ouvre également droit à la réduction d'impôt. Son assiette est alors égale au capital total reconstitué limité à 30 500 euros et retenu dans la proportion qui existe entre le capital dû à la date de la conversion et le capital total reconstitué à cette même date. Le capital total reconstitué s'entend de la valeur du capital versé ou attribué à la date de conversion, majoré de la somme des rentes versées jusqu'au jour de la conversion et revalorisées en fonction de la variation de l'indice moyen annuel des prix à la consommation constatée entre l'année de versement de la rente et celle de la conversion. » ;

3° Dans le dernier alinéa du même paragraphe :

a) Les mots : « les versements sont répartis » sont remplacés par les mots : « le versement des sommes d'argent, l'attribution de biens ou de droits s'effectuent » ;

b) Les mots : « est passé » sont remplacés par les mots : « ou le jugement prononçant la conversion de rente en capital, sont passés » ;

c) Les mots : « effectués au cours de l'année considérée et l'ensemble des versements » sont remplacés par les mots : « de sommes d'argent, des biens ou des droits attribués au cours de l'année considérée, et le montant total du capital tel que celui-ci a été fixé dans le jugement de divorce ou le jugement prononçant la conversion » ;

d) Les mots : « réaliser sur la période visée » sont remplacés par les mots : « effectuer sur la période mentionnée ;

4° Au début du II, sont insérés les mots : « Nonobstant la situation visée au troisième alinéa, ».

Art. 27

Le deuxième alinéa de l'article 862 du Code général des impôts est complété par les mots : « ainsi que les copies exécutoires des jugements de divorce rendus en application de l'article 232 du code civil ».

Art. 28

Le Code général des impôts est ainsi modifié :

1° Après l'article 1133 bis, il est inséré un article 1133 ter ainsi rédigé :

« Art. 1133 ter. — Sous réserve de l'application de l'imposition prévue à l'article 1020 du présent code, les versements en capital effectués en application des articles 274, 278 et 279-1 du code civil et qui ne sont pas soumis aux dispositions de l'article 80 quater du présent code sont assujettis, lorsqu'ils proviennent de biens autres que ceux visés à l'article 748, à la perception d'une imposition fixe de 75 euros.

« Ces dispositions sont applicables aux conversions en capital effectuées en application des articles 276-4 et 280 du code civil. » ;

2° Les deux dernières phrases de l'article 757 A sont supprimées ;

3° Dans la première phrase de l'article 1020, la référence : « et 1133 » est remplacée par les références : « , 1133 et 1133 ter ».

Art. 29

Il est inséré, après l'article 9-2 de la loi n° 91-647 du 10 juillet 1991 relative à l'aide juridique, un article 9-3 ainsi rédigé :

« Art. 9-3. — Lorsque le pourvoi en cassation est susceptible d'entraîner l'annulation d'une décision ayant fixé une indemnité de licenciement, le montant de cette indemnité est exclu de l'appréciation des ressources. »

Art. 30

Après l'article 66 de la loi n° 91-650 du 9 juillet 1991 portant réforme des procédures civiles d'exécution, il est inséré un article 66-1 ainsi rédigé :

« Art. 66-1. — Les articles 62, 65 et 66 de la présente loi ainsi que les articles L. 613-1 à L. 613-5 du Code de la construction et de l'habitation ne sont pas applicables à l'expulsion du conjoint violent ordonnée par le juge aux affaires familiales sur le fondement de l'article 220-1 du code civil. »

Art. 31

Sans préjudice de l'application des délais mentionnés à l'article 267-1 du code civil, dans les départements du Bas-Rhin, du Haut-Rhin et de la Moselle, la procédure est, à compter de la désignation du notaire, soumise aux dispositions du titre VI de la loi du 1er juin 1924 mettant en vigueur la législation civile française dans les départements du Bas-Rhin, du Haut-Rhin et de la Moselle.

Art. 32

I. — La présente loi est applicable en Nouvelle-Calédonie, en Polynésie française, à Wallis-et-Futuna et à Mayotte.

II. — L'article 52-3 de la loi n° 2001-616 du 11 juillet 2001 relative à Mayotte est ainsi rédigé :

« Art. 52-3. — Les dispositions du code civil relatives au divorce et à la séparation de corps sont applicables à Mayotte aux personnes relevant du statut civil de droit local accédant à l'âge requis pour se marier à compter du 1er janvier 2005. »

III. — Après l'article 2290 du code civil, il est inséré un article 2290-1 ainsi rédigé :

« Art. 2290-1. — Les dispositions du titre VI du livre Ier sont applicables à Mayotte aux personnes relevant du statut civil de droit local accédant à l'âge requis pour se marier à compter du 1er janvier 2005. »

Art. 33

I. — La présente loi entrera en vigueur le 1er janvier 2005.

II. — Elle s'appliquera aux procédures en divorce introduites avant son entrée en vigueur sous les exceptions qui suivent :

a) Lorsque la convention temporaire a été homologuée avant l'entrée en vigueur de la présente loi, l'action en divorce est poursuivie et jugée conformément à la loi ancienne ;

b) Lorsque l'assignation a été délivrée avant l'entrée en vigueur de la présente loi, l'action en divorce est poursuivie et jugée conformément à la loi ancienne.

Par dérogation au b, les époux peuvent se prévaloir des dispositions des articles 247 et 247-1 du code civil ; le divorce peut également être prononcé pour altération définitive du lien conjugal si les conditions de l'article 238 sont réunies et dans le respect des dispositions de l'article 246.

III. — Les dispositions du II sont applicables aux procédures en séparation de corps.

IV. — L'appel et le pourvoi en cassation sont formés, instruits et jugés selon les règles applicables lors du prononcé de la décision de première instance.

V. — Les demandes de conversion sont formées, instruites et jugées conformément aux règles applicables lors du prononcé de la séparation de corps.

VI. — Les rentes viagères fixées par le juge ou par convention avant l'entrée en vigueur de la loi nº 2000-596 du 30 juin 2000 relative à la prestation compensatoire en matière de divorce peuvent être révisées, suspendues ou supprimées à la demande du débiteur ou de ses héritiers lorsque leur maintien en l'état procurerait au créancier un avantage manifestement excessif au regard des critères posés à l'article 276 du code civil.

L'article 276-3 de ce code est applicable à la révision, à la suspension ou la suppression des rentes viagères fixées par le juge ou par convention avant l'entrée en vigueur de la présente loi.

La substitution d'un capital aux rentes viagères fixées par le juge ou par convention avant l'entrée en vigueur de la présente loi peut être demandée dans les conditions fixées à l'article 276-4 du même code.

VII. — Les rentes temporaires fixées par le juge ou par convention avant l'entrée en vigueur de la présente loi peuvent être révisées, suspendues ou supprimées en cas de changement important dans les ressources ou les besoins de l'une ou l'autre des parties. Leur révision ne peut conduire à proroger leur durée initiale, sauf accord des parties. La révision ne peut avoir pour effet de porter la rente à un montant supérieur à celui fixé initialement par le juge.

La substitution d'un capital aux rentes temporaires fixées par le juge ou par convention avant l'entrée en vigueur de la présente loi peut être demandée dans les conditions prévues à l'article 276-4 du code civil.

VIII. — Les prestations compensatoires fixées par le juge ou par convention avant l'entrée en vigueur de la présente loi sous la forme prévue au premier alinéa de l'article 275 du code civil, tel qu'il résulte de l'article 6, peuvent être révisées dans les conditions prévues par le deuxième alinéa de ce même article.

IX. — Les VI et VII sont applicables aux instances en cours qui n'ont pas donné lieu à une décision passée en force de chose jugée.

X. — Les dispositions des articles 280 à 280-2 du code civil, tel qu'il résulte de l'article 6, sont applicables aux prestations compensatoires allouées avant l'entrée en vigueur de la présente loi sauf lorsque la succession du débiteur a donné lieu à partage définitif à cette date. Dans ce dernier cas, les dispositions prévues aux deuxième et troisième alinéas du VI, au VII et au VIII sont applicables aux héritiers du débiteur. Ceux-ci peuvent également se libérer à tout moment du solde du capital indexé lorsque la prestation compensatoire prend la forme prévue au premier alinéa de l'article 275 du code civil, tel qu'il résulte de l'article 6.

XI. — Les pensions de réversion versées du chef du conjoint décédé avant la date d'entrée en vigueur de la loi n° 2000-596 du 30 juin 2000 précitée peuvent être, sur décision du juge saisi par les héritiers du débiteur de la prestation compensatoire, déduites du montant des rentes en cours.

Art. 34

Dans l'article 61 de la loi n° 2001-616 du 11 juillet 2001 précitée, les mots : « des parties » sont remplacés par les mots : « de la partie la plus diligente ».

Art. 35

L'article 64 de la loi n° 2001-616 du 11 juillet 2001 précitée est abrogé.

La présente loi sera exécutée comme loi de l'État.

[...]

Annexe 2

Avant projet de décret portant réforme de la procédure en matière familiale

LE PREMIER MINISTRE,

Sur le rapport du garde des Sceaux, ministre de la Justice,

Vu le Règlement (CE) n° 2201/2003 du Conseil du 27 novembre 2003 relatif à la compétence, la reconnaissance et l'exécution des décisions en matière de responsabilité parentale abrogeant le règlement (CE) n° 1347/2000, notamment son article 11,

Vu le code civil,

Vu le code de l'organisation judiciaire, notamment les articles L 312-1 et L 312-1-1,

Vu la loi n° 82-486 du 10 juin 1982 autorisant l'approbation d'une convention sur les aspects civils de l'enlèvement international d'enfants,

Vu la loi n° 93-22 du 8 janvier 1993 modifiant le code civil, relative à l'état civil, à la famille et aux droits de l'enfant et instituant le juge aux affaires familiales, modifiée,

Vu la loi n° 2004-439 du 26 mai 2004 relative au divorce,

Vu le nouveau code de procédure civile,

Vu le décret n° 83-1021 du 29 novembre 1983 portant publication de la convention sur les aspects civils de l'enlèvement international d'enfants, faite à La Haye, le 25 octobre 1980,

Le Conseil d'État (section de l'intérieur) entendu,

DÉCRÊTE :

TITRE Ier

DISPOSITIONS COMMUNES À TOUTES LES PROCÉDURES DEVANT LE JUGE AUX AFFAIRES FAMILIALES

Art. 1er

Les articles 1070 à 1074-1 sont rédigés comme suit :

« Art. 1070 : Le juge aux affaires familiales territorialement compétent est :

– le juge du lieu de résidence de la famille,

– si les parents vivent séparément, le juge du lieu de résidence du parent avec lequel résident habituellement les enfants mineurs en cas d'exercice en commun de l'autorité parentale, ou du lieu de résidence du parent qui exerce seul cette autorité,

– dans les autres cas, le juge du lieu où réside celui qui n'a pas pris l'initiative de la procédure.

En cas de demande conjointe, le juge compétent est, selon le choix des parties, celui du lieu où réside l'une ou l'autre.

Toutefois, lorsque le litige porte seulement sur une obligation à caractère alimentaire ou la prestation compensatoire, le juge compétent peut être celui du lieu où réside l'époux créancier ou le parent qui assume à titre principal la charge des enfants, même majeurs.

La compétence territoriale est déterminée par la résidence au jour de la demande ou, en matière de divorce, au jour où la requête initiale est présentée.

« Art. 1071 : Le juge aux affaires familiales a pour mission de tenter de concilier les parties.

Il est, le cas échéant, juge de la mise en état.

Il exerce aussi les fonctions de juge des référés.

Il statue, s'il y a lieu, sur les exceptions d'incompétence.

« Art. 1072 : Sans préjudice de toute autre mesure d'instruction, et sous réserve des dispositions prévues au troisième alinéa de l'article 373-2-12 du code civil, le juge peut, même d'office, ordonner une enquête sociale s'il estime insuffisamment informé par les éléments dont il dispose.

L'enquête sociale porte sur la situation de la famille, ainsi que, le cas échéant, sur les possibilités de réalisation du projet des parents ou de l'un d'eux quant aux modalités d'exercice de l'autorité parentale.

Elle donne lieu à un rapport où sont consignées les constatations faites par l'enquêteur et les solutions proposées par lui.

Le juge donne communication du rapport aux parties en leur fixant un délai dans lequel elles auront la faculté de demander un complément d'enquête ou une nouvelle enquête.

« Art. 1073 : La décision enjoignant aux parties de rencontrer un médiateur familial en application des articles 255 et 373-2-10 du code civil n'est pas susceptible de recours.

« Art. 1074 : Les demandes sont formées, instruites et jugées en chambre du conseil.

Toutefois, les décisions relatives au nom, au prénom ou au divorce, sont rendues publiquement.

« Art. 1074-1 : Les mesures portant sur l'exercice de l'autorité parentale et les obligations à caractère alimentaire, ainsi que toutes les mesures prises en application de l'article 255 du code civil, sont exécutoires de droit à titre provisoire ».

TITRE II

DISPOSITIONS APPLICABLES À LA PROCÉDURE DE DIVORCE ET DE SÉPARATION DE CORPS

Art. 2

L'article 1075-1 est rédigé comme suit :

« Art. 1075-1 : Lorsqu'une prestation compensatoire est demandée au juge ou prévue dans une convention, chaque époux produit la déclaration sur l'honneur mentionnée à l'article 272 du code civil ».

Art. 3

L'article 1077 est rédigé comme suit :

« Art. 1077 : La demande ne peut être fondée que sur un seul des cas prévus à l'article 229 du code civil. Toute autre demande formée à titre subsidiaire sur un autre cas est irrecevable.

Hormis les cas prévus aux articles 247 à 247-2 du code civil, il ne peut être, en cours d'instance, substitué à une demande fondée sur un des cas de divorce définis à l'article 229 du code civil, une demande fondée sur un autre cas ».

Art. 4

Les articles 1079 et 1080 sont remplacés par les dispositions suivantes :

« Art. 1079 : La prestation compensatoire ne peut être assortie de l'exécution provisoire.

Toutefois, elle peut l'être en tout ou partie, lorsque l'absence d'exécution aurait des conséquences manifestement excessives pour le créancier en cas de recours sur la prestation compensatoire alors que le prononcé du divorce a acquis force de chose jugée.

Cette exécution provisoire ne prend effet qu'au jour où le prononcé du divorce a acquis force de chose jugée.

Art. 1080

Lorsque des biens ou des droits sont attribués à titre de prestation compensatoire en application du 2° de l'article 274 du code civil, la convention homologuée ou la décision qui prononce le divorce précise leur valeur.

Lorsque ces biens ou droits sont soumis à la publicité foncière, elle précise en outre les mentions nécessaires à la publication du titre de propriété dans les formes prévues par le décret n° 55-22 du 4 janvier 1955 ».

Art. 5

L'article 1081 est rédigé comme suit :

« Art. 1081 : Le dispositif de la décision mentionne la date de l'audience de non conciliation ».

Art. 6

À l'article 1082, après les mots « mention du divorce » sont insérés les mots « ou de la séparation de corps ».

Art. 7

L'article 1148 devient l'article 1082-1.

Art. 8

À l'article 1083, les mots « assorties de l'exécution provisoire » sont remplacés par les mots « exécutoires par provision en application de l'article 1074-1 ».

Art. 9

L'article 1084 est rédigé comme suit :

« Art. 1084 : Quand il y a lieu de statuer, après le prononcé du divorce, sur l'exercice de l'autorité parentale ou la modification d'une obligation à caractère alimentaire, la demande est présentée, même si un pourvoi en cassation a été formé, au juge aux affaires familiales selon les modalités prévues à la section III du présent chapitre.

Il en est de même, lorsque le divorce a acquis force de chose jugée, des demandes portant sur la prestation compensatoire. Les articles 1075-1 et 1075-2 du présent code sont applicables ».

Art. 10

L'article 1085 est remplacé par les dispositions suivantes :

« Art. 1085 - Le juge peut demander communication du dossier à la juridiction qui a prononcé le divorce ».

Art. 11

Les articles 1086 et 1087 sont remplacés par les dispositions suivantes :

« Art. 1086 : Le délai de pourvoi en cassation suspend l'exécution de la décision qui prononce le divorce. Le pourvoi en cassation exercé dans ce délai est également suspensif.

« Art. 1087 : L'effet suspensif qui s'attache au pourvoi en cassation ainsi qu'à son délai ne s'applique pas aux dispositions de la décision qui concernent les obligations à caractère alimentaire, l'exercice de l'autorité parentale, la jouissance du logement et du mobilier.

En matière de divorce par consentement mutuel, l'effet suspensif s'applique, dans les mêmes conditions, aux dispositions prévues dans la convention homologuée ».

Art. 12

À l'article 1088, les mots « sur demande conjointe » sont remplacés par les mots « par consentement mutuel ».

Art. 13

L'article 1089 est rédigé comme suit :

« Art. 1089 : La demande en divorce est formée par requête unique des époux ».

Art. 14

À l'article 1090, les mots « les motifs du divorce » sont remplacés par les mots « les faits à l'origine de la demande ».

Art. 15

L'article 1091 est remplacé par les dispositions suivantes :

« Art. 1091 : À peine d'irrecevabilité, la requête comprend en annexe une convention portant règlement complet des effets du divorce et incluant notamment un état liquidatif du régime matrimonial ou la déclaration qu'il n'y a pas lieu à liquidation. L'état liquidatif doit être passé en la forme authentique devant notaire lorsque la liquidation porte sur des biens soumis à publicité foncière.

Sous la même sanction, chacun des documents est daté et signé par chacun des époux et leur avocat ainsi que, le cas échéant par le notaire ».

Art. 16

À l'article 1092, le mot « initiale » est supprimé.

Art. 17

Les articles 1099 à 1101 sont rédigés comme suit :

« Art. 1099 : Au jour fixé, le juge procède selon les modalités prévues aux articles 250 à 250-3 du code civil ; il vérifie la recevabilité de la requête ; il s'assure que le consentement des époux est libre et éclairé et appelle leur attention sur l'importance des engagements pris par eux, notamment quant à l'exercice de l'autorité parentale.

Avec l'accord des parties, en présence du ou des avocats, le juge peut faire supprimer ou modifier les clauses de la convention qui lui paraîtraient contraires à l'intérêt des enfants ou de l'un des époux.

Il rend sur le champ un jugement par lequel il homologue la convention définitive et prononce le divorce.

« Art. 1100 : Si la convention lui paraît préserver insuffisamment les intérêts des enfants ou de l'un des époux, le juge peut refuser de l'homologuer, ne pas prononcer le divorce et ajourner sa décision, par ordonnance rendue sur-le-champ, jusqu'à présentation d'une nouvelle convention.

Il informe les époux qu'ils devront présenter une nouvelle convention avant l'expiration d'un délai de six mois. Il en est fait mention dans l'ordonnance.

L'ordonnance précise les conditions ou garanties auxquelles seront subordonnées l'homologation de la nouvelle convention, et, en conséquence, le prononcé du divorce.

Elle comprend, le cas échéant, les mesures provisoires homologuées par le juge en application de l'article 250-2 du code civil.

« Art. 1101 : Le délai de six mois pour présenter une nouvelle convention est suspendu en cas d'appel.

À défaut de présentation d'une nouvelle convention dans le délai fixé, le juge constate d'office, par ordonnance, la caducité de la demande en divorce.

Lorsque les époux présentent une nouvelle convention, les parties sont convoquées selon les modalités prévues à l'article 1092. S'il refuse de l'homologuer, le juge rend une ordonnance par laquelle il constate la caducité de la demande en divorce ».

Art. 18

Au premier alinéa de l'article 1102, les mots « qui homologuent les conventions des époux ou » sont supprimés.

Art. 19

Les deux dernières phrases de l'article 1103 sont supprimées.

Art. 20

L'article 1106 est rédigé comme suit :

« Art. 1106 : L'époux qui veut former une demande en divorce présente une requête au juge. La requête n'indique ni le fondement juridique de la demande en divorce ni les faits à l'origine de celle-ci. Elle contient les demandes formées au titre des mesures provisoires et un exposé sommaire de leurs motifs.

L'époux est tenu de se présenter en personne quand il sollicite des mesures d'urgence.

En cas d'empêchement dûment constaté, le magistrat se rend à la résidence de l'époux ».

Art. 21

L'article 1108 est modifié comme suit :

I - La dernière phrase du premier alinéa est supprimée.

II - Après le premier alinéa, il est inséré deux alinéas rédigés comme suit :

« La convocation adressée à l'époux qui n'a pas présenté la requête l'informe qu'il doit se présenter en personne, seul ou assisté d'un avocat. Elle précise que l'assistance d'un avocat est obligatoire pour accepter, lors de l'audience de conciliation, le principe de la rupture du mariage.

Le greffier avise l'avocat de l'époux qui a présenté la requête ».

III - Au dernier alinéa, la référence à l'article 252-3 est remplacée par la référence à l'article 254. »

Art. 22
À l'article 1110, la référence aux articles 252, 252-2 et 252-3 est remplacée respectivement par la référence aux articles 252-1, 253 et 252-4.

Art. 23
L'article 1111 est rédigé comme suit :

« Art.1111 : Lorsqu'il constate, après avoir entendu chacun des époux sur le principe de la rupture, que le demandeur maintient sa demande, le juge rend une ordonnance par laquelle il peut, soit renvoyer les parties, conformément à l'article 252-2 du code civil, à une nouvelle tentative de conciliation, soit autoriser immédiatement les époux à introduire l'instance en divorce.

Dans l'un et l'autre cas, il peut ordonner tout ou partie des mesures provisoires prévues aux articles 254 à 257 du Code civil.

Lorsqu'il autorise à introduire l'instance, le juge rappelle dans son ordonnance les délais prévus à l'article 1113 du présent code ».

Art. 24
L'article 1113 est rédigé comme suit :

« Art. 1113 : Dans les trois mois du prononcé de l'ordonnance, seul l'époux qui a présenté la requête initiale, peut assigner en divorce.

En cas de réconciliation des époux ou si l'instance n'a pas été introduite dans les trente mois du prononcé de l'ordonnance, toutes ces dispositions sont caduques, y compris l'autorisation d'introduire l'instance ».

Art. 25
Les articles 1114 et 1115 sont remplacés par les dispositions suivantes :

« Art. 1114 : Sous réserve des règles édictées par les deux premières sections du présent chapitre, l'instance est formée, instruite et jugée selon la procédure en matière contentieuse applicable devant le tribunal de grande instance.

« Art. 1115 : La proposition de règlement des intérêts pécuniaires des époux prévue par l'article 257-2 du code civil, contient un descriptif sommaire de leur patrimoine et précise les intentions du demandeur quant à la liquidation de la communauté ou de l'indivision, et, le cas échéant, quant à la répartition des biens.

Elle ne constitue pas une prétention au sens de l'article 4 du présent code.

L'irrecevabilité prévue par l'article 257-2 du code civil doit être invoquée avant toute défense au fond ».

Art. 26
À l'article 1118, il est ajouté un second alinéa rédigé comme suit :

« Avant l'introduction de l'instance, la demande est formée, instruite et jugée selon les modalités prévues à la section III du présent chapitre ».

Art. 27
L'article 1120 est rédigé comme suit :

« Art. 1120 : Un majeur protégé ne peut acquiescer au jugement de divorce, ou se désister de l'appel, qu'avec l'autorisation du juge des tutelles ».

Art. 28
L'article 1123 est remplacé par les dispositions suivantes :

« Art. 1123 : À tout moment de la procédure, les époux peuvent accepter le principe de la rupture du mariage sans considération des faits à l'origine de celle-ci.

À l'audience de conciliation, cette acceptation est constatée immédiatement dans un procès-verbal dressé par le juge et signé par les époux et leurs avocats respectifs. Le juge renvoie alors les époux à introduire l'instance pour qu'il prononce le divorce et statue sur ses effets, la cause du divorce demeurant acquise. Le procès-verbal est annexé à l'ordonnance.

À défaut, chaque époux peut déclarer, par un écrit signé de sa main, qu'il accepte le principe de la rupture du mariage.

Les deux déclarations sont annexées, le cas échéant, à la requête conjointe introductive d'instance.

En cours d'instance, la demande formée en application de l'article 247-1 du code civil doit être formulée de façon expresse et concordante dans les conclusions des parties. Chaque époux annexe sa déclaration d'acceptation à ses conclusions.

À peine de nullité, le procès-verbal ou la déclaration écrite rappelle les mentions du second alinéa de l'article 233 du code civil ».

Art. 29
L'article 1124 est rédigé comme suit :

« Le juge aux affaires familiales prononce le divorce sans autre motif que le visa de l'acceptation des époux ».

Art. 30
L'article 1137 devient l'article 1125.

Art. 31
L'article 1126 est rédigé comme suit :

« Art. 1126 : Sous réserve des dispositions de l'article 472, le juge ne peut relever d'office le moyen tiré du défaut d'expiration du délai de deux ans prévu au premier alinéa de l'article 238 du code civil ».

Art. 32
À l'article 1127, après les mots « pris l'initiative » sont ajoutés les mots « à moins que le juge n'en dispose autrement ».

Art. 33
Au second alinéa de l'article 1128, la référence à la section III est remplacée par la référence à la section IV.

Art. 34
Les articles 1139, 1140, 1142, 1143, 1144, 1145, 1146 et 1147 deviennent respectivement les articles 1129, 1130, 1131, 1132, 1133, 1134, 1135 et 1136.

Ils sont modifiés comme il est dit aux trois articles suivants.

Art. 35
À l'article 1131 les mots « il y a demande conjointe » sont remplacés par les mots « la séparation de corps a été prononcée par consentement mutuel ».

Art. 36
L'article 1132 est rédigé comme suit :

« Art. 1132 : En cas de séparation de corps par consentement mutuel, la requête aux fins de conversion, à peine d'irrecevabilité, contient les mentions requises par l'article 1090, l'indication de la décision qui a prononcé la séparation de corps, et est accompagnée d'une convention sur les conséquences du divorce.

Sous la même sanction, la requête et la convention sont datées et signées par chacun des époux et de leur avocat ».

Art. 37
Au premier alinéa de l'article 1133, les mots « le projet de convention » sont remplacés par les mots « la convention ».

TITRE III
DISPOSITIONS APPLICABLES AUX AUTRES PROCÉDURES DEVANT LE JUGE AUX AFFAIRES FAMILIALES

Art. 38
Les articles 1137 à 1142 sont rédigés comme suit :

« Art. 1137 : Le juge est saisi dans les formes prévues pour les référés.

Il peut également être saisi par requête remise ou adressée au greffe, conjointement ou par une partie seulement. La requête doit indiquer les nom, prénom et adresse des parties, ou, le cas échéant, la dernière adresse connue du défendeur. Pour les personnes morales, elle mentionne en outre leur dénomination et leur siège. Elle contient l'objet de la demande et un exposé sommaire de ses motifs. Elle est datée et signée de celui qui la présente ou son avocat.

« Art. 1138 : Dans les quinze jours de la requête, le greffe convoque le défendeur à l'audience par lettre recommandée avec demande d'avis de réception. Il lui adresse, le même jour, par lettre simple, copie de la requête et de la convocation.

Toutefois, lorsque la requête mentionne que l'adresse du défendeur est la dernière adresse connue, le greffe invite le requérant à procéder par voie de signification.

Le greffe convoque également, par lettre simple, celui qui a pris l'initiative de la demande. Ce dernier peut aussi être convoqué verbalement, contre émargement, ou selon les modalités de l'article 652.

L'assignation ou la convocation mentionne, à peine de nullité, les dispositions des articles 1139 à 1141.

« Art. 1139 : Les parties se défendent elles-mêmes ; elles ont la faculté de se faire assister ou représenter par un avocat.

« Art. 1140 : La procédure est orale.

« Art. 1141 : Lorsque la demande est formée sur le fondement de l'article L. 6145-11 du code de la santé publique ou de l'article L. 123-7 du code de l'action sociale et des familles, toute partie peut aussi, en cours d'instance, exposer ses moyens par lettre adressée au juge, à condition de justifier que l'adversaire en a eu connaissance avant l'audience, par lettre recommandée avec demande d'avis de réception.

La partie qui use de cette faculté peut ne pas se présenter à l'audience. Le jugement rendu dans ces conditions est contradictoire.

Néanmoins, le juge a toujours la faculté d'ordonner que les parties se présentent devant lui.

« Art. 1142 : Lorsqu'il a été saisi par requête, le juge peut décider, soit d'office, soit à la demande d'une partie, que le jugement sera notifié par le greffier, par lettre recommandée avec demande d'avis de réception ».

TITRE IV

DISPOSITIONS COMMUNES AUX TROIS PREMIÈRES SECTIONS, ORGANISANT LE CHAPITRE V DU TITRE PREMIER DU LIVRE III DU NOUVEAU CODE DE PROCÉDURE CIVILE

Art. 39

Le chapitre V du titre premier est intitulé et organisé comme suit.

« Chapitre V

La procédure en matière familiale »

Il comprend trois sections intitulées et composées comme suit :

– ***« Section I : Dispositions générales »***, comprenant les articles 1070 à 1074-1,

– ***« Section II : Le divorce et la séparation de corps »***. Elle comprend cinq sous-sections intitulées et composées comme suit :

– <u>« Sous-section I : dispositions générales »</u> comprenant les cinq paragraphes suivants :

– *« Paragraphe 1 : les demandes »*, comprenant les articles 1075 à 1077,

– *« Paragraphe 2 : la prestation compensatoire »*, comprenant les articles 1079 et 1080,

– *« Paragraphe 3 : la publicité et la preuve des jugements »*, comprenant les articles 1081 à 1082-1,

– *« Paragraphe 4 : la modification des mesures accessoires »*, comprenant les articles 1083 à 1085,

– *« Paragraphe 5 : le pourvoi en cassation »*, comprenant les articles 1086 et 1087,

– <u>« Sous-section II : le divorce par consentement mutuel »,</u> comprenant les articles 1088 à 1105,

– <u>« Sous-section III : les autres procédures de divorce »,</u> comprenant les huit paragraphes suivants :

– « *Paragraphe 1 : la requête initiale* », comprenant les articles 1106 et 1107,

– « *Paragraphe 2 : la tentative de conciliation* », comprenant les articles 1108 à 1113,

– « *Paragraphe 3 : l'instance* » comprenant les articles 1114 à 1115,

– « *Paragraphe 4 : les mesures provisoires* », comprenant les articles 1117 à 1119,

– « *Paragraphe 5 : les voies de recours* », comprenant l'article 1120,

– « *Paragraphe 6 : dispositions particulières au divorce accepté* » ; comprenant les articles 1123 à 1125,

– « *Paragraphe 7 : dispositions particulières au divorce pour altération définitive du lien conjugal* » comprenant les articles 1126 et 1127,

– « *Paragraphe 8 : dispositions particulières au divorce pour faute* », comprenant l'article 1128.

– « Sous-section IV : la séparation de corps », comprenant les articles 1129 et 1130,

– « Sous-section V : le divorce sur conversion de la séparation de corps », comprenant les articles 1131 à 1136,

– « ***Section III : les autres procédures relevant de la compétence du juge aux affaires familiales*** », comprenant les articles 1137 à 1142.

TITRE V

DISPOSITIONS PARTICULIÈRES À CERTAINES PROCÉDURES EN MATIÈRE FAMILIALE

Art. 40

L'article 1179 est remplacé par les dispositions suivantes :

« Art. 1179 : Les demandes relatives à l'exercice de l'autorité parentale relevant de la compétence du juge aux affaires familiales, sont formées, instruites et jugées selon les règles édictées au chapitre V du présent titre, sous réserve des dispositions de la présente section ».

Art. 41

L'article 1180 est rédigé comme suit :

« Art. 1180 : Les demandes formées en application de l'article 371-4 et de l'alinéa 2 de l'article 373-3 du code civil obéissent aux règles de la procédure en matière contentieuse applicable devant le tribunal de grande instance ; elles sont jugées après avis du ministère public ».

Art. 42

Le chapitre IX du titre Ier du livre III du nouveau code de procédure civile est complété par une section V rédigée comme suit :

« Section V :
Le déplacement illicite international d'enfants

« Art. 1210-4 : Les actions engagées sur le fondement des dispositions des instruments internationaux et communautaires relatives au déplacement illicite international d'enfants sont portées devant le juge aux affaires familiales du tribunal de grande instance territorialement compétent en application de l'article L. 312-1-1 du code de l'organisation judiciaire.

« Art. 1210-5 : La demande aux fins d'obtenir le retour de l'enfant, en application de la convention du 25 octobre 1980 sur les aspects civils de l'enlèvement international d'enfants, est formée, instruite et jugée en la forme des référés.

« Art. 1210-6 : La décision de non-retour de l'enfant rendue à l'étranger, ainsi que les documents qui l'accompagnent, transmis à l'autorité centrale française en application du 6 de l'article 11 du Règlement (CE) n° 2201/2003 du Conseil du 27 novembre 2003 relatif à la compétence, la reconnaissance et l'exécution des décisions en matière matrimoniale et en matière de responsabilité parentale, sont communiqués au ministère public près le tribunal de grande instance visé à l'article 1210-4, qui en saisit le juge aux affaires familiales par requête.

Nonobstant les articles 100 et 101 du présent code, les autres juges aux affaires familiales saisis du même litige, ou de litiges connexes, se dessaisissent à son profit ».

Art. 43

L'article 1286 est modifié comme suit :

I – Au premier alinéa, les mots « aux articles 217, 219 » sont remplacés par les mots « à l'article 217 ».

II – Il est ajouté un deuxième alinéa rédigé comme suit :

« Les demandes d'autorisation et d'habilitation prévues par les articles 217 et 219 du même code, lorsque le conjoint est hors d'état de manifester sa volonté, sont présentées au juge des tutelles ».

Art. 44

À l'article 1290 du nouveau code de procédure civile, il est ajouté un deuxième alinéa rédigé comme suit :

« Toutefois, les demandes fondées sur le troisième alinéa de cet article ne peuvent être formées que par assignation en référé, dénoncée au ministère public au plus tard le jour de sa remise au greffe. L'ordonnance rendue est communiquée au ministère public par le greffe ».

TITRE VI
DISPOSITIONS FINALES

Art. 45
Sont abrogés :

Le chapitre IV bis du titre premier,

Les articles 1078, 1080-1, 1093 à 1098, 1116, 1121, 1122, 1143 à 1147 et 1180-3.

Art. 46
Le présent décret entrera en vigueur au 1er janvier 2005. Toutefois, les dispositions de l'article 41 entreront en vigueur le 1er mars 2005.

Art. 47
Le garde des Sceaux, Ministre de la justice, est chargée de l'application du présent décret qui sera publié au Journal Officiel de la République française.

Fait à Paris, le

Par le Premier Ministre,
Jean-Pierre RAFFARIN

Le garde des Sceaux,
Ministre de la justice,
Dominique PERBEN

Annexe 3

Coût de 1 € de rente viagère annuelle payable d'avance par 1/12e

Age	Hommes	Femmes
20	22,043	23,024
21	21,926	22,931
22	21,807	22,835
23	21,682	22,736
24	21,552	22,633
25	21,417	22,525
26	21,277	22,413
27	31,131	22,297
28	20,979	22,177
29	20,821	22,051
30	20,658	21,920
31	20,488	21,786
32	20,313	21,648
33	20,131	21,504
34	19,943	21,356
35	19,749	21,203
36	19,549	21,046
37	19,344	20,883
38	19,132	20,715
39	18,916	20,542
40	18,693	20,364

Age	Hommes	Femmes
41	18,466	20,181
42	18,235	19,993
43	18,000	19,799
44	17,761	19,600
45	17,617	19,394
46	17,268	19,183
47	17,014	18,965
48	16,754	18,742
49	16,489	18,511
50	16,218	18,275
51	15,942	18,031
52	15,660	17,778
53	15,371	17,520
54	15,076	17,253
55	14,776	16,980
56	14,471	16,698
57	14,158	16,406
58	13,838	16,105
59	13,512	15,796
60	13,180	15,478
61	12,848	15,153
62	12,510	14,816
63	12,166	14,471
64	11,823	14,116
65	11,476	13,753
66	11,126	13,381
67	10,774	13,002
68	10,421	12,615
69	10,066	12,218
70	9,709	11,815
71	9,356	11,408
72	9,000	10,993
73	8,645	10,573

Age	Hommes	Femmes
74	8,286	10,147
75	7,923	9,716
76	7,564	9,283
77	7,207	8,850
78	6,854	8,419
79	6,505	7,990
80	6,153	7,563
81	5,812	7,143
82	5,482	6,729
83	5,170	6,330
84	4,879	5,947
85	4,592	5,576
86	4,315	5,220
87	4,055	4,881
88	3,806	4,559
89	3,579	4,254
90	3,368	3,972
91	3,178	3,704
92	3,013	3,462
93	2,866	3,241
94	2,728	3,039
95	2,619	2,850
96	2,518	2,681
97	2,398	2,503
98	2,236	2,316
99	2,000	2,118
100	1,744	1,903
101	1,522	1,694

INDEX ALPHABÉTIQUE

(les numéros renvoient aux numéros de paragraphes)

Traitement informatique, impression, façonnage par

IMPRIMERIE
FRANCE QUERCY
CAHORS

113, rue André-Breton
BP 49 - 46001 Cahors
d'après Montages et Gravure Numériques
(Computer To Plate)

Dépôt légal : septembre 2004
Numéro d'impression : 41935 L

N° éditeur : 43

Imprimé en France